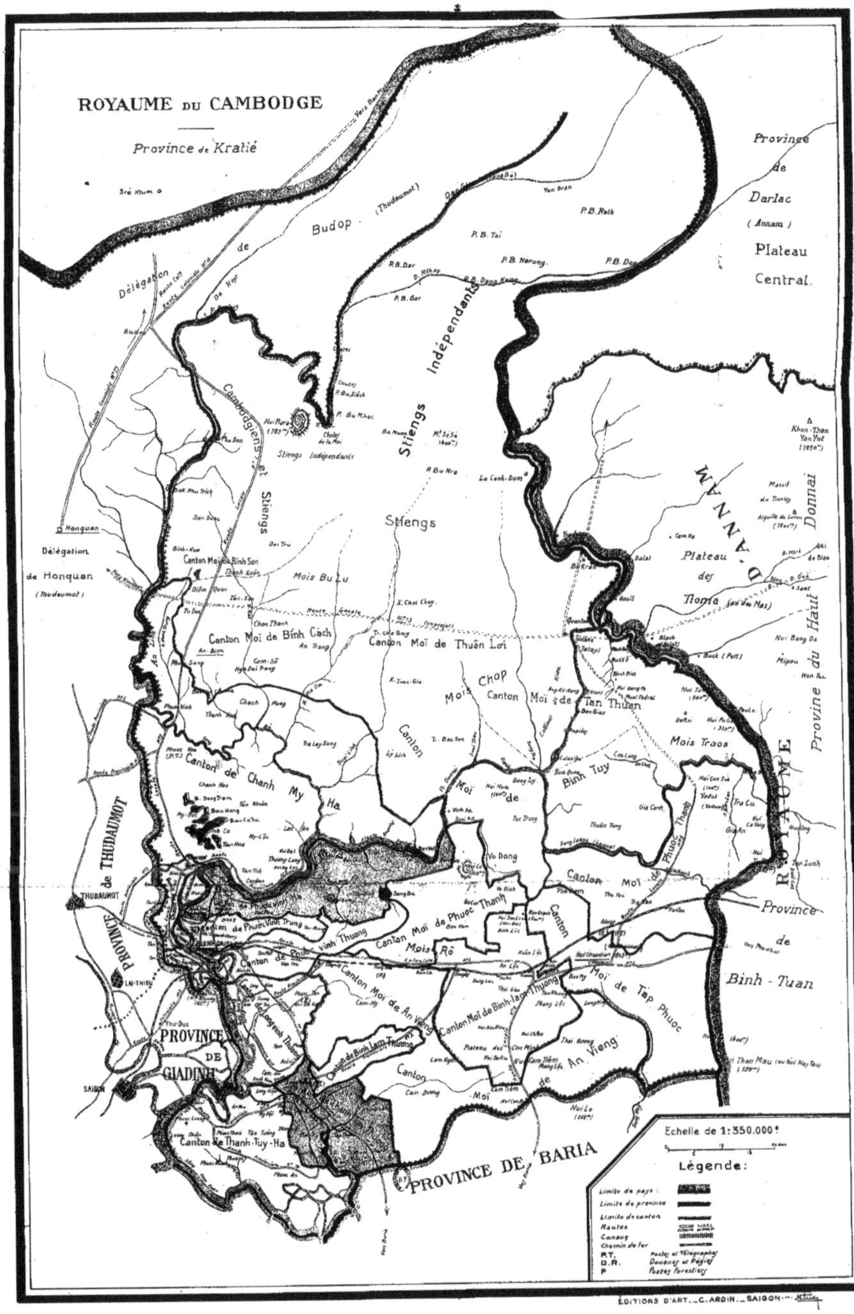

ROYAUME DU CAMBODGE

Province de Kratié

Budop (Thudaumot)

Délégation de Budop

Délégation de Honquan (Thudaumot)

Province de Darlac (Annam)

Plateau Central

Stiengs Indépendants

Cambodgiens et Stiengs

Stiengs

Mois Bu Lu

Canton Moï de Binh Son

Canton Moï de Binh Cách

Canton Moï de Thuân Loi

Mois Chop

Canton Moï de Tan Thuan

Mois Traos

Canton Moï de Binh Tuy

Canton de Chanh My Ha

Canton Moï de Phuoc Thanh

Canton de Phuoc Vinh Trung

Canton de Phuoc Vinh Thuong

Mois Rô

Canton Moï de Tap Phuoc

Canton Moï de An Vieng

Canton Moï de Binh Lam Thuong

Canton de Binh Lam Thuong

Canton Moï de An Vieng

Canton de Thanh Tuy Ha

Plateau des Tiomia

Plateau du Haut Donnai

ANNAM

ROYAUME

Provine du Haut Donnai

Province de Binh-Tuan

PROVINCE de THUDAUMOT

THUDAUMOT

LAI-THIEU

PROVINCE DE GIADINH

SAIGON

PROVINCE DE BARIA

Echelle de 1:350.000[e]

Légende:

Limite de pays	
Limite de province	
Limite de canton	
Routes	
Canaux	
Chemin de fer	
P.T.	Postes et Télégraphes
D.R.	Douanes et Régies
P	Postes forestiers

ÉDITIONS D'ART _ C. ARDIN _ SAIGON

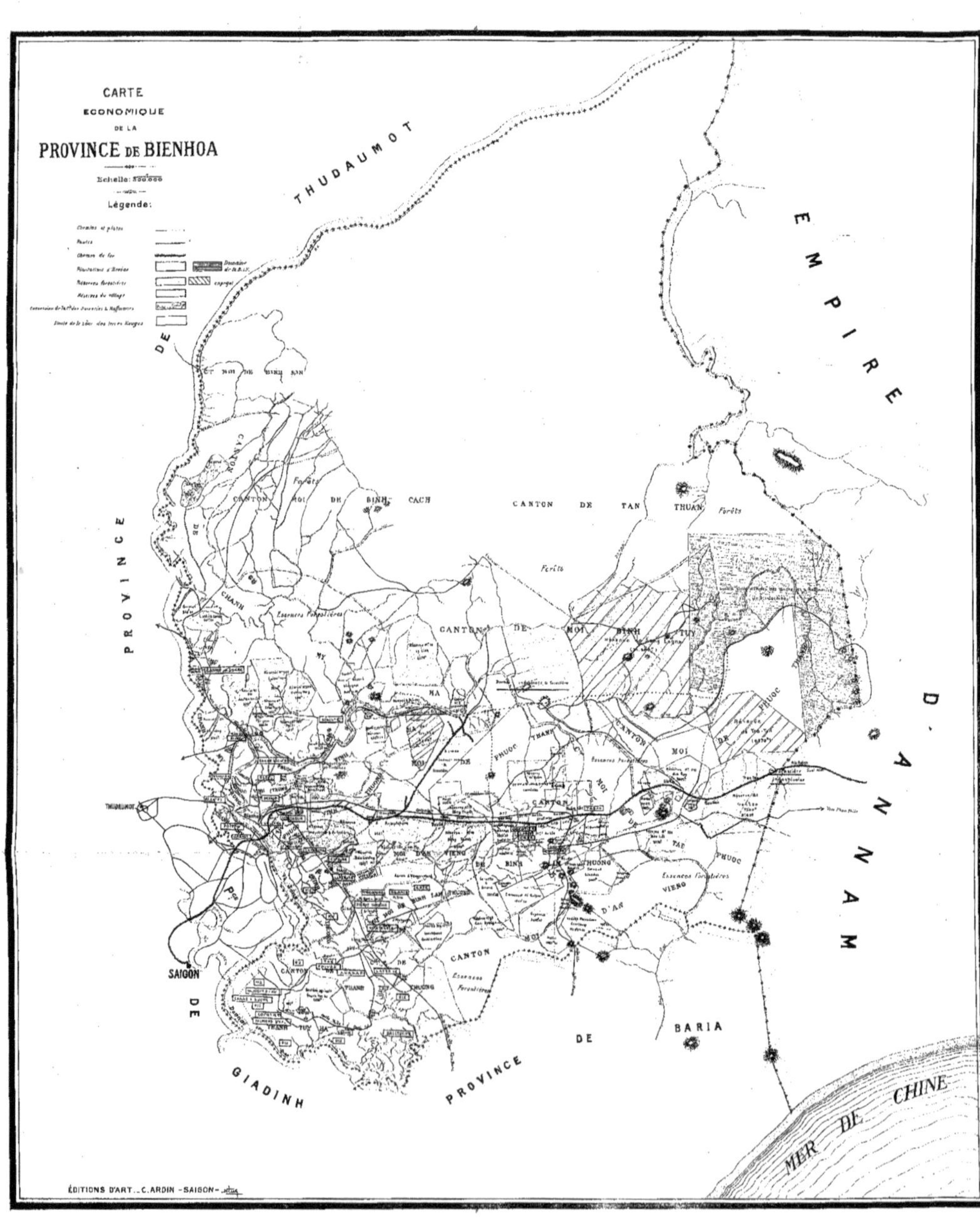
CARTE
ECONOMIQUE
DE LA
PROVINCE DE BIENHOA
Légende:
THUDAUMOT
EMPIRE D'ANNAM
PROVINCE DE THUDAUMOT
PROVINCE DE GIADINH
PROVINCE DE BARIA
MER DE CHINE
SAIGON
CANTON DE TAN THUAN
ÉDITIONS D'ART _ C. ARDIN - SAIGON -

LA COCHINCHINE ORIENTALE

MONOGRAPHIE

DE LA

PROVINCE DE BIÊNHOA

PAR

M. ROBERT
Administrateur-adjoint des Services civils de l'Indochine

SAIGON
IMPRIMERIE DU CENTRE
Louis MINH

1924

LA COCHINCHINE ORIENTALE

MONOGRAPHIE

DE LA

PROVINCE DE BIÊNHOA

LA COCHINCHINE ORIENTALE

MONOGRAPHIE
DE LA
PROVINCE DE BIÊNHOA

PAR

M. ROBERT
Administrateur adjoint des Services civils
de l'Indochine

SAIGON
IMPRIMERIE DU CENTRE
Louis MINH

1924

(Photo de l'Escadrille N° 2)

Vue panoramique de Bienhoa — LE « LAC » DE BIENHOA

LA COCHINCHINE ORIENTALE

MONOGRAPHIE

DE LA

PROVINCE DE BIENHOA

(1923)

SITUATION, LIMITES ET SUPERFICIE

La province de Bienhoa fait partie du groupe des quatre provinces orientales de la Cochinchine (Tayninh, Thudaumot, Bienhoa, Baria) qui, par leur aspect physique et leurs productions, se différencient nettement du reste de la Colonie.

Elle est comprise entre le Royaume du Cambodge au Nord, les provinces de Thudaumot et Giadinh à l'Ouest, celle de Baria au Sud et le Royaume de l'Annam à l'Est.

Ses limites ne sont fixées avec précision qu'à l'Ouest et au Sud, soit qu'elles adoptent le lit d'un cours d'eau, tels le Donaï, qui la sépare de la province de Giadinh, et le Song Bé de celle de Thudaumot (1) ; soit que la création de réserves forestières ait entraîné une délimitation certaine, comme c'est le cas pour la frontière sur la province de Baria.

(1) A l'exception, toutefois, de trois cantons (Chanh-my-ha, Chanh-my-trung, Chanh-my-thuong) situés sur la rive droite de cette dernière rivière, qui, d'ailleurs, font l'objet de revendications de la part de la province voisine qui réclame la frontière du Song Bé sur tout son parcours.

Au Nord et à l'Est, les frontières du Cambodge et de l'Annam sont des plus sommairement tracées. Cette situation est, naturellement, la source de contestations de territoires, notamment entre la Cochinchine et l'Annam au sujet du bassin du Song La Nga (ou Da Lagna), d'un riche avenir. (1).

La superficie de 1.120.000 ha. (soit 11.200 km^2), assignée à la province de Bienhoà, n'est que très approximative (2). Il n'en demeure pas moins qu'elle est une des plus étendues de la Cochinchine, avec Rachgia et Baclieu, et comme ces dernières, une de celles où la colonisation trouvera longtemps encore de vastes champs où exercer son activité.

Un exemple donnera une idée de l'étendue de ces terres ouvertes au peuplement et à la colonisation. Les dix cantons annamites où se trouvent concentrées la population et la richesse actuelle de la province n'occupent qu'un cinquième à peine de la superficie totale. Tout le reste de cet immense territoire constitue la région dénommée « pays moï ».

PHYSIONOMIE GÉNÉRALE DU PAYS

Orographie

On peut diviser la province en trois régions naturelles : les deux premières au Sud, la troisième au Nord du fleuve Donaï.

1° Au Sud-Ouest, la plaine, qui est la partie la plus riche et la plus peuplée de l'ensemble de la province et qu'occupent, nous venons de le voir, les cantons annamites (Chanh-my-ha, Chanh-my-trung, Chanh-my-thuong, Phuoc-vinh-ha, Phuoc-vinh-trung, Phuoc-vinh-thuong, Long-vinh-thuong, Thanh-tuy-ha) riverains du Donaï et traversés par ses nombreux affluents.. C'est d'abord, venant du fleuve, l'aspect ordinaire de la plaine cochinchinoise ; de nombreux ponts enjambent les mille ruisseaux, rachs et suois qu'empruntent à marée haute les sampans et même les jonques ; les routes s'enfuient, droites,

---

(1) La frontière Nord avec la province de Thudaumot peut être fixée naturellement par le cours du Song Bé qu'elle abandonne un peu avant la frontière du Cambodge. A l'Est, elle suit une ligne conventionnelle des plus vagues jusqu'au sommet de la boucle septentrionale du moyen Donaï (région de la Canh Dong).

(2) Voici quelques chiffres, d'après les limites tracées sur les cartes les plus récentes : Du Nord au Sud, elle atteint, dans sa plus grande longueur, 200 Km. Sa largeur moyenne, de l'Ouest à l'Est, varie de 95 à 110 Km.

bordées de « sao », d'une blancheur éclatante ou d'un rouge vif sous le soleil de feu ; des marais stagnent, leur eau glauque couverte de palmiers d'eau bas et onduleux, qui frissonnent en nappes épaisses, semblables aux rameaux de jeunes cocotiers, détachés de leurs troncs et plantées par touffe dans la vase et le limon des eaux jaunes ; quelques taillis çà et là, mais surtout le damier des rizières, arides et nues pendant la saison sèche,

Un Suoi à la lisière de la forêt (près de Phuoc-than)

verdoyantes sous les pluies et que dominent d'épais bois de cocotiers et d'aréquiers ; des bouquets de bambous, des pagodons, des maisons communes vivement enluminées, des chaumières à demi cachées dans la verdure, des touffes de bananiers rompent la monotonie de ces plaines.

2° A l'Est de cette première région (cantons de Thanh-tuy-thuong, région orientale de Phuoc-vinh-thuong et Phuoc-vinh-ha), le sol s'élève et s'accidente de nombreuses collines, de faible altitude, il est vrai, comme celles de Lo-gach (40 m.), dont l'une porte à son sommet la pagode de Buu-phong (Précieuse montagne) construite sous le règne du Roi Gia-Long. Cet édifice est entouré d'énormes blocs granitiques, autrefois très vénérés des indigènes. Les deux plus beaux sont appelés Long-dau-thach (Tête de dragon) et Ho-dau (Tête de tigre).

Au Sud (canton de Chanh-my-trung), les collines de Chau-thoi, composées de deux mamelons, dont le plus élevé est connu sous le nom de « Montagne Blanchy » (60 m. de hauteur).

Plus au Nord, voisines de la bouche du Donaï, se succèdent de faibles élévations, telles que le Nui Go-môi, le Nui Tan-dinh, le Nui Nua (120 m.) et plus haut, sur les rives du Donaï les collines de Keang kien. Autour de ces premiers plissements faits de granit de grès et de schiste, le taillis maigre encore, plutôt

Le Donaï près de Tan-Uyen

maquis broussailleux que forêt et qui, d'ailleurs, disparaît peu à peu devant les cultures, partout où la mince couche végétale le permet. De la plupart de ces mamelons granitiques, on extrait une pierre fort appréciée en Cochinchine qui, au centre et à l'Ouest, en est totalement dépourvue (1). Dans la plaine, le sol recouvert d'un épais manteau de sable provenant de l'érosion séculaire des sommets voisins est souvent infertile. C'est un paysage d'une monotone platitude que celui de cette brousse chétive. Les arbustes épineux se mêlent à des arbres rabougris isolés en bouquets épars avec, çà et là, de vastes clairières bourbeuses semées de « trous de buffles ».

Puis, c'est, au delà de cette région de transition, dans les cantons moïs de la Délégation de Nui Chua-chan, et sur un sol meilleur, que commence la forêt, richesse principale de la province par son étendue et par les magnifiques essences

Les chutes de Trian aux basses eaux

qu'elle renferme. C'est là aussi que s'est révélée la région de grand avenir, dite des terres rouges, où des défrichements considérables ont permis la création des plantations d'hévéas ou arbres à caoutchouc, qui occupent d'année en année des superficies de plus en plus importantes. Succédant sans transition à la forêt et à la brousse, le long des routes ou de la voie ferrée, derrière la clôture de bambous ou de ronce artificielle, ce sont, durant des kilomètres, les plantations et leurs

(1) Mentionnons, cependant, les quelques carrières des provinces de Chaudoc et Longxuyen (Nui Sap).

rangées d'hévéas au tronc droit, à la sobre ramure, tous de même taille et jaillissant en lignes régulières d'un sol rigoureusement sarclé et retourné. Çà et là, les huttes des coolies groupées autour de la case, haussée sur pilotis, du surveillant. La juxtaposition de la sylve fougueuse et inextricable et de la végétation disciplinée, géométrique des plantations dont les défrichements s'accroissent et se multiplient d'année en année, donne à cette région un caractère tout spécial et qui ne peut manquer de frapper le voyageur...

Contrées d'aspect curieux, parfois grandiose ; nous sommes loin du paysage uniforme et plat de l'Ouest cochinchinois. Collines et vallons se succèdent sans interruption. C'est là, en effet, que viennent mourir les dernières ramifications de la Chaîne annamitique. Quelques monts isolés, sentinelles avancées du massif, se détachent à l'horizon, tel le Nui Chua-Chan (803 m.) couvert d'une épaisse toison sombre et de belles proportions, et, plus au Nord, vers le Donaï, le Son-Luu ou Nui Doc (500 m.). Au Sud, le Nui Chlem, le Nui Con-rang le Nui Dan-rieu, le Nui Cam-tinh beaucoup moins importantes. Enfin, sur la frontière de Baria, encadrant la vallée du Song Da-ban, les hauteurs plus élevées du Nui Sop (400 m.) et du Nui Tanh-mau (550 m.) (ou Nui Ba-ke).

Toutes ces collines parallèles et boisées se montrent au dessus de la plaine ; des ruisselets sablonneux et desséchés, subitement gonflés en torrents dévastateurs coupent la végétation dense où les lataniers géants, dont les peuplements sont d'ailleurs moins importants que ceux de la province annamite voisine du Binh-Tuan, massés en formidables bouquets hauts de 15 à 20 pieds, se mêlent aux grandes cannes juteuses et aux lianes aux lacis compliqués. Sous-bois inextricable de la forêt taillis, à laquelle succède, vers l'Annam, la forêt futaie, majestueuse, splendide, toute peuplée de bang-lang, cam-lai, sao, trac, vap et autres essences généreuses, alternant avec le bambou en denses fourrés. Çà et là, des sentiers, des laies forestières disparaissent sous les frondaisons épaisses et solitaires, où l'on ne risque guère de rencontrer, de loin en loin, que la hutte sur pilotis commune à la famille Moï, demeure essentiellement rudimentaire et momentanée.

On ne voit plus, en effet, comme dans l'Ouest de la province de nombreux villages ou hameaux groupant leurs maisons sur le parcours des chemins ou des rivières. On sent la pénétration encore toute récente dans ces cantons Moïs. Cependant la vie se concentre peu à peu autour des plantations, des chantiers forestiers, des stations de chemin de fer ou des postes de police. Là viennent se fixer les commerçants ou coolies annamites dont le nombre, s'accroissant chaque année, coopère largement à la mise en valeur du pays. Des marchés se créent, un embryon de commerce s'établit, et peu à peu le Moï abandonne sa vie nomade et misérable pour imiter son voisin annamite plus civilisé. C'est la région des concessions forestières, (celles de la Société «la Bienhoa forestière et Industrielle» par exemple, dans la région de Ben-nom, de Binh-an et le long de la rive gauche du Donaï et de la Lagna), ou des réserves, soigneusement aménagées, entretenus et accrues, futures richesses presque encore inexploitées (réserves de Bau-luong, Dai-an, Ho-nai, Dong-thanh, Cam-duong).

Le Donaï en amont des chutes de Trian

Plus bas, au Sud-Est, c'est la vaste terrasse appelée plateau de Con-minh, que traverse la route de Xuan-loc à Baria. L'horizon se dégage alors largement. La forêt fait place à une steppe herbeuse, battue des vents, et qui étale à perte de vue sa surface déserte. Paysage désolé, mais captivant dans sa simplicité mélancolique, le soir surtout, aux lueurs ardentes du crépuscule.

Mentionnons enfin, pour compléter la description générale de cette deuxième région, la dépression qu'occupe au Nord-Est le bassin inférieur de la rivière la La-nga (ou Lagna), vaste cuvette herbeuse, absolument désertique, brûlée du soleil et inondée pendant la saison humide de mai à novembre. Ces savanes s'étendent à l'Est jusqu'à Tan-linh et au Pic de Nui Ta-ban (1302 m.) point frontière actuel, au pied des éperons antérieurs de la Chaîne annamitique. Elles sont limitées, au Nord, par les quelques collines qui bordent la rive gauche du Donaï (Mont Fodral, Nui Dang-po) ; à l'Est, par les éperons des montagnes qui séparent le Song Lagna de la Da-ue (Nui Tak-ra, (500 m.) Pou-gao (310 m.) (rive droite) Nui Ong et Nui Ca-tong (rive gauche). Au Sud, elles s'arrêtent au Suoi Gia-huynh et à la piste qui relie Tam-linh à Vodat par Tra-cu. Elles occupent une superficie de 30 à 36.000 hectares et la Lagna les traverse de l'Est à l'Ouest, dans toute leur largeur.

Le Donaï en aval de Trian

Le sol est formé d'alluvions un peu argileuses, couvertes de grands roseaux où gitent les éléphants et les buffles sauvages. Sur les parties les plus relevées pousse, en grande abondance, l'herbe paillote ou tranh. Des mares bourbeuses, remplies aux inondations, occupent les dépressions et des lignes de bouqueteaux coupent en tous sens les savanes.

Tel qu'il est constitué, ce sol est néanmoins riche et susceptible de mise en valeur. Nous avons déjà fait remarquer que le protectorat de l'Annam demande une rectification de frontière en sa faveur dans cette région, sans d'ailleurs pouvoir fournir d'arguments suffisants, comme nous le verrons par la suite.

3° Franchissons maintenant le Donaï au Nord ; et sur sa rive droite, nous pénétrons dans l'hinterland moï de la province. On se trouve ici en présence d'une région sauvage et de pénétration encore très peu avancée, dont le relief peu accidenté et d'ailleurs mal connu présente des ondulations douces couvertes de tranh sur de vastes étendues. Des forêts épaisses s'étalent entre le Donaï et le Song Be sur une grande profondeur. Le point culminant en est, au Nord-Ouest, la Yumbra (785 m.) que les Annamites appellent Nui Ba-ra, les Cambodgiens Phnom Chœung Preai ou Yok Nam Preah et les Stiengs, Benam-Brah. Son casque géant velu de végétation épaisse se détache nettement sur la barrière basse des croupes avoisinantes et c'est son socle qui fait hésiter un instant le cours du Song Be dans sa direction vers le Sud et vers le Donaï.

A l'extrémité orientale, sur la frontière d'Annam, le glacis cochinchinois se relève jusqu'au pied des dernières hauteurs de la Chaîne annamitique bordant la rive droite du moyen Donaï. Dans l'intervalle central une vaste pénéplaine partant de la rive droite du moyen Donaï forme le glacis haut cochinchinois, de 2 à 300 mètres d'altitude moyenne.

Toute la partie centrale et septentrionale en est à peu près inconnue ; les diverses missions d'exploration venant de la région de Budop et du Cambodge, s'étant arrêtées, de gré ou de force, dans la région de la Nui Bara et du moyen Song Bé (au Nord-Ouest) (Missions Barthélémy (1900), Patté (1904), Maitre (1909). (1) La région orientale paraît d'ailleurs très peu peuplée de Stiengs, dits indépendants, qui ont tendance à se retirer, au fur et à mesure de notre établissement, sur la lisière de leurs territoires.

A l'extrême Nord, enfin, sur les confins cambodgiens, à cheval sur trois bassins (Song Bé, Mékong, Rivière de Saigon),

---

(1) La Mision Barthélémy, abandonnée par ses porteurs, puis attaquée au voisinage de Bu Rel, au Nord de la Nui Bara, fut rejetée sur Kratie. — Patté réussit à s'établir au pied de la Nui Bara; son action resta cantonnée au pied de ce massif. Une rapide reconnaissance le porta, il est vrai, jusqu'au moyen Donaï, mais il dut rebrousser chemin devant la même impossibilité de trouver des porteurs et l'hostilité de plus en plus marquée des Stiengs. — Maître, lui, trouva la mort dans les mêmes regions, un peu plus au Nord, au délà du Hoyt aux confins du Cambodge.

c'est une dépression submergée en saison des pluies, densément boisée et peu aisément praticable.

Nous verrons dans la partie politique de cette monographie que des efforts sont faits pour accéder prochainement à cette région.

Géologie

La formation géologique de la province de Biênhoa est à peu près la même que celle de Thudâumôt et de Baria.

Mais les vestiges de volcanisme s'y révèlent encore plus nombreux que dans ces deux provinces. Les Nui Chua-chan, Lo-gach et Châu-thoi, situées sensiblement sur le même axe sont, en effet, des cratères volcaniques dont la constitution rocheuse offre

Bienhoa. — Les quais du Donaï

beaucoup d'analogies et qui appartiennent à la même série de soulèvements, voisins des dépressions correspondantes du bassin de la Lagna et du « lac » de Bienhoa. Le squelette des divers plissements est presque exclusivement formé de roches éruptives cristallines (granit, porphyre, basalte). La décomposition de ces dernières a donné, dans les dépressions, une terre rouge, la *latérite*, sorte d'argile ferrugineuse, compacte comme dans la région moï à l'Est, plus généralement légère, poreuse, et formant ce conglomérat que les Annamites ont désigné sous le nom de « pierre d'abeilles » (Da-ong), à cause de sa structure, et que nous appelons couramment « pierre de Bienhoa ».

La latérite, pauvre en azote et insuffisamment pourvue d'acide phosphorique, est une terre infertile, mais bien pourvue de ces éléments ainsi que de potasse et de chaux, cette terre prend une grande valeur agricole. Ainsi constituée, elle forme le sol de la partie orientale de la province de Bienhoa, sur une longue zone dite des « terres rouges » d'une largeur moyenne de 40 à 60 km., qui prend naissance sur la côte

Le Donaï et la rive de Bienhoa
(Vue prise de Culao Pho)

de Baria et s'étend au Nord jusqu'au Cambodge. Les qualités de cette terre, très souvent aussi chargée de matières organiques, jointes à la présence de l'eau dans le sous-sol, en font une terre très fraîche en saison sèche et très favorable, par suite, aux cultures arbustives; c'est le domaine d'élection des hévéas. Cette terre rouge affleure à la surface même du sol, mélangée à l'humus. Parfois elle se dérobe sous une couche superficielle de sable presque pur, ou d'argile rouge ou blanche. Parfois aussi, dans la région accidentée limitrophe de l'Annam, elle alterne avec la terre noire, fort sèche également et semblablement couverte d'épaisses forêts. Comme dans la partie occidentale de la province, en maints endroits, des efflorescences granitiques ou gréseuses la percent encore et la sèment de blocs erratiques, de dents nues, mais toujours de peu d'étendue (région de Phong-loc et de Thai-nuong). A remarquer des gisements nombreux d'un kaolin très pur, notamment dans la région Cay-gao, Ben-nom.

Hydrographie

Elle se résume dans le fleuve Donaï et ses affluents. La province est traversée en son centre de l'Est à l'Ouest par le cours inférieur du Donaï (ou Dông-nai : plaine de cerfs). Arrivé à la frontière de Thudaumot, à la hauteur de Tan-uyen, le fleuve fait un brusque crochet vers le Sud et sépare Bienhoa de Giadinh pour aller mêler ses eaux à celles de Saigon et de là, par le Cua Soirap, gagner la mer.

C'est le seul fleuve de l'Est cochinchinois digne de ce nom. Sa longueur est d'environ 550 km., égale presque à celle de la Garonne. Son cours inférieur seulement appartient à la Cochinchine. Ses cours moyen et supérieur parcourent le territoire de l'Annam (province du Haut-Donaï).

Il prend sa source au Nord du plateau de Lang-bien (Annam) par deux branches, le Da-dung et le Da-nhim, dont la réunion forme un beau torrent impétueux semé de quelques rares et courts biefs calmes, et partout ailleurs encombré de rapides. Orienté Est-Ouest, il se creuse sous le nom de Da-doeung une faille profonde dans la partie septentrionale du plateau de Djiring, puis coule en un défilé extrêmement profond ouvert entre les Ta-doung, Ta-dra au Nord et le Kong-klang au Sud. Tout ce cours est extrêmement pittoresque. En aval du confluent de Rkêh, le Donaï se calme et devient navigable. Il décrit alors un curieux demi-cercle — la boucle du Donaï — dont la partie inférieure se replie en méandres capricieux au milieu d'une belle plaine marécageuse. Au bout de ce premier bief navigable d'une soixantaine de kilomètres, il quitte le territoire de l'Annam et pénètre dans la province par le canton moï de Binh-tuy, à la hauteur de Toulane et d'une série de rapides formés par l'arête du plateau des Mas (Che-ma ou Tio-ma) du nom de la grande tribu moï y habitant. La masse d'eau, étranglée dans un étroit chenal, se précipite en formant saut et cet obstacle naturel oblige les pirogues à rompre charge.

Le fleuve prend alors une nouvelle direction pour traverser d'une frontière à l'autre la province de Bienhoa. Son cours, encaissé entre de hautes parois boisées, est fréquemment inter-

(Photo Nadal — Saigon)

Le grand pont sur le Donaï à Culao Pho

rompu par des barrages de pierres schisteuses. Il passe à Ang-ké-hang, Vinh-an, Ben-nom, Cai-an, Cay-yao, Dai-an. Entre ces deux villages de nouveaux seuils de schistes, sur une longueur d'environ 12 kilomètres, interdisent à nouveau toute navigation. Le fleuve se précipite en mille petites cataractes pendant les basses eaux, et pendant la saison des pluies forme des rapides grandioses connus sous le nom de rapides de Trian. Les rochers les plus escarpés que franchit le fleuve sont appelés Hang-ong-sam (barrage du Seigneur Sam). D'innombrables blocs de toutes grosseurs sont entassés dans le lit du fleuve et semblent devoir défier tout projet d'établissement d'un chenal navigable. Plus bas, le fleuve, sur les deux tiers de sa largeur est obstrué par une immense table rocheuse dont la masse, émergeante aux basses eaux, surprend par ses proportions titanesques. L'obstacle des chutes de Tri-an rend impossible le flottage des essences forestières, activement exploitées au dessus de cette région, notamment par la Société de la Bienhoa Forestière et Industrielle qui possède une vaste concession forestière sur la rive gauche du fleuve.

Ces rapides sont un des principaux buts d'excursion pour les voyageurs et les touristes qui visitent la province. Toute cette région jusqu'à Tan-Uyen est d'ailleurs magnifique, surtout lorsqu'on descend le Donaï redevenu navigable depuis Dai-an. Les berges élevées plongent à pic dans le fleuve et sont couvertes de part et d'autre d'un revêtement d'épaisses futaies. Parfois, une coupée brusque dans la rive et sa dense végétation : c'est l'embouchure d'un rach ou d'un suoi, avec au confluent de nombreuses cases annamites à moitié cachées dans le feuillage. Parfois aussi, une modeste pagode blottie au pied d'un banian centenaire apporte sa note touchante dans cette nature d'une rude et grandiose beauté.

A Tan-Uyen, le fleuve entre définitivement dans la plaine et étale largement ses eaux autour de nombreuses îles, quelques-unes fort étendues, toutes très peuplées et bien cultivées. En descendant le cours du fleuve, on côtoie ainsi les îles ou « Culao» Binh-thanh, Culao Tan-trieu, voisine de l'important marché de Ben-ca, Culao Rua (île de la Tortue), en face de la hauteur boisée que couronne le pittoresque village de Tan-ba (marché de Dong-van) relié au fleuve par un abrupt escalier naturel s'élevant sous une voûte de verdure.

Le Donaï baigne ensuite sur la rive gauche Binh-truoc, chef-lieu administratif de la province et se sépare en deux bras pour former la vaste île de Culao Pho ; puis, plus bas, celle de Culao Ba-sang devant le marché de Bengo. Sur la rive gauche, de loin en loin, on remarque de vastes hangars recouverts en paillote d'où s'échappe une épaisse fumée. Ce sont les briqueteries et poteries indigènes. Le soir, à la nuit tombante, leurs foyers mêlent des lueurs d'incendie aux reflets du couchant sur la nappe calme du Donaï.

Quelques kilomètres après avoir contourné l'île étroite et allongée de Culao Ong-con, — il y a peu de temps encore repaire de pirates redoutés, — le fleuve, en face du village de Phuoc-Long, se grossit de la rivière de Saigon et prend sur une dizaine de kilomètres le nom de Nha-bè. Sur la rive de Bienhoa, près du petit rach Ong-chuot, on peut voir les restes d'un ancien fort construit par l'Amiral Rigault de Genouilly. Quelques kilomètres en aval, les eaux du fleuve se déversent et forment un petit delta qui se soude vers le Sud-Ouest à celui du Mékong, La branche orientale, qui aboutit à la baie de Ganh-ray, reprend le nom de Saigon, parce qu'étant la plus profonde, c'est par elle que les navires d'un fort tonnage remontent à Saigon. La branche occidentale, qui est en même temps la plus large, prend le nom de Soairap et se jette dans la Baie de Cangio.

Le Donaï et l'appontement de l'Inspection

C'est au Soairap qu'aboutit également le Vaïco, autre cours d'eau notable de la Cochinchine. L'action de la marée se fait sentir à plus de 150 km. de son embouchure, jusqu'au delà de Tan-uyen.

Les eaux du Donaï sont saines et claires. Un projet est à l'étude, qui envisage leur captation dans la région de Trian en vue de les canaliser jusqu'à Saigon, ce qui permettrait à la fois de résoudre la triple question de l'eau potable, de l'éclairage électrique et de la force motrice pour la capitale. Les mêmes études ont été entreprises sur le Song Bé.

a) Rive droite.— Le seul vraiment important dans la province de Bienhoa est le *Song-Bé*. Il est également le plus gros affluent que recueille le Donaï sur tout son parcours. Il prend sa source au mont Chak-ra, au cœur même du Plateau Central, par 1000 m. d'altitude. Son cours supérieur appelé Dar-glun, s'y étale en une terrasse marécageuse. Puis il quitte ce gradin par une série de chutes et se dirige au Sud vers la plaine cochinchinoise. Très en aval, sur le territoire de la province, le Song Be reçoit à gauche le Rlhap issu également du Plateau Central et grossi lui-même du Dar-ueur.

Le Donaï à Binh-An

En aval de l'embouchure du Rlhap, le Song Bé vient buter contre le piton de la Nui Bara dont les racines lui font franchir le L. Plai, saut d'une quinzaine de mètres de dénivellation; la montagne rejette la rivière au Nord par un angle très aigu, puis elle s'infléchit au Nord-Nord Ouest et reçoit à droite, le Hoyt, venu également du Plateau central.

Elle se coude à nouveau vers le Sud, après s'être grossie de nombreux affluents dont le Song Rat, est sur sa droite, le plus important, (1) et devient à peu près navigable, ou tout au moins flottable, malgré les seuils, avant d'entrer dans la plaine où elle décrit d'innombrables méandres et vient, enfin, après s'être grossie du Suoi Ba-bao, atteindre le Donaï à hauteur du hameau de Nong-huyen, et à peu près au point où se termine la série des chutes de Trian.

Le Song Bé, sur son parcours, n'arrose aucune localité digne d'être mentionnée. Il fraye son cours profondément encaissé dans une région boisée, encore inexploitée et peu peuplée. La route locale n° 1 en construction vers Budop (Thudaumot)

Autre Vue du Donaï à Binh-An

franchit le Song Bé, peu après le village de Phuoc-hoa, par une belle passerelle Eifel, dans un site remarquable.

La longueur du Song Bé, de quelques 300kilomètres, est à peu près égale à celle du Cher.

Les autres affluents de la rive droite du Donaï sont le rach Tong-nhân, Vung-gam, Ba-rieu, Ong-thiep.

b) *Rive gauche*.— *La Da-oué*, dont une partie du cours inférieur et le confluent avec le Donaï forment frontière entre la Cochinchine et l'Annam grossie du Mbré et du Mbri, descend du mas-

(1) Autres affluents de Song Bé : *Rive gauche:* Rach Nuoc-trong, Suo Linh, Suoi Cay-sang.

sif de Tionlay et du col de Blao, aux confins du Plateau central. Le Song *La-Nga* (ou la Lagna), principal affluent de la rive gauche, prend sa source dans la pente méridionale du plateau des Mas (Annam), contourne le massif de Bang-gia. Son cours jusque là orienté Nord-Sud, se coude vers l'Ouest pour entrer en Cochinchine (Bien-Hoa) au pied du Nui Ca-tong, où il arrose les hameaux moïs de Gia-an et Tra-cu. Le bief inférieur, de la rivière, entièrement cochinchinois, dessine de capricieux méandres au milieu de savanes qu'elle inonde, nous l'avons signalé, à l'époque des crues. La Lagna se grossit sur sa rive gauche du Suoi Gia-huynh et conflue avec le Donaï à hauteur de l'île de Culao-tho dans une région de rapides assez étendus et très pittoresques.

Les Suoi Sâu, le Rach Dông, le Sông Bên-ca, le Rach Bên-gô, le Sông La-buông, les Rachs Nuoc-trong et Dong-môn, sont, plus en aval, les seuls cours d'eau dignes d'être mentionnés.

Les indigènes donnent des noms différents à certains bras du Donaï qui contournent les îles de Binh-chanh, de Tan-triêu, du Culao-rua, du Culao-phô, du Culao Ong-con. Ils les appellent Rach Tre, Song Ben-ca, Sông Dong-van, Rac Cac, Song Sau. Ce dernier reçoit comme affluent le Rach Giông.

La province est encore arrosée sur ses confins méridionaux, au voisinage de la province de Baria, par le Song Thi-vay, qui, grossi du Rach Bà-ky, du Suôi Cai et du Rach Nuoc-lon, enserre une vaste étendue de terres très marécageuses, presque totalement recouvertes de forêts de palétuviers et de palmiers d'eau, s'étendant jusqu'au Rach La, à proximité du village de Phuoc-an. C'est de là que l'on tire une grande partie des bois à brûler consommés à Saigon.

Quant aux rachs Xom-quan et Dong-tranh (grossi des rach Ong-ke et La), limites naturelles entre Bienhoa et Giadinh, ils ne sont que deux des multiples bras par lesquels le Donaï et la rivière de Saigon se jettent à la mer.

Canaux

L'étude des cours d'eau se complète naturellement de celle des canaux, bien que rationnellement l'on doive ranger ces renseignements dans la partie de cette étude consacrée à l'outillage industriel de la province. Ils sont au nombre de quatre : trois canaux de navigation et un d'irrigation.

Le *canal de Bà-ky* (profondeur 3 mètres aux hautes eaux) largeur 9 mètres, longueur 5 kilomètres, creusé en 1898, relie le Rach Dong-môn, affluent du Donaï, au Rach Bà-ky, affluent du Song Thi-vay. Il part du marché de Phuoc-thiên, passe près de celui de Phuoc-long et aboutit près du marché de Bà-ky. Ce canal, en mettant en communication Bïenhoa avec Baria, permet aux sampans et même aux jonques de remonter directement de la mer au marché de Puoc-thiên, sans passer par le Nhà-bè. Le creusement de cette nouvelle voie fluviale a en outre rendu un grand service à l'agriculture, car en facilitant l'écoulement des eaux, il a permis de transformer en rizières des terrains jadis inondés.

Le *canal Bousignon*, de Long-thanh au Rach Dong-môn, sert principalement au transport des bois. Le *canal de Xuan-hoa* à Tanhuê va du Rach Dong-môn au marais de Bau-sau. Enfin, signalons le petit canal du Rach Giông-ong-kèo.

Photo de l'Escadrille N° 2

Biênhoa. — Les quais. — Le quartier du marché sous les arbres. A gauche, les hangars des hydroavions.

Cette étude de l'aspect physique de la province peut se compléter de quelques observations sur les *Cavernes*: près du Mont Son-lu se trouvent des souterrains d'où se dégagent, à certaines époques, des émanations sulfureuses ; les *Sources :* celle de Binh-thanh à 6 km. du chef-lieu, qui, avant le forage des puits, servait alimenter la population européenne ; celle de Phuoc-lai à 36 km. du chef-lieu, est la plus intéressante par son eau légèrement gazeuse et acidulée ; des sources abondantes également à Xuân-lôc et Tut-trung dans la région moï à 60 km. environ du chef-lieu ; les *Marais :* nous avons signalé leur présence au voisinage des fleuves et notamment dans la région de Phuoc-an. Ils sont nombreux encore à l'intérieur du pays et leur voisinage n'est pas sans influence sur le caractère endémique de la fièvre dans certaines régions. Ils sont, en général, très poissonneux. A signaler notamment ceux de Bàu Cạ-tre, Bàu Bà-dong et Bung-hoa (Canton de Chanh-my-

Le song Bê à Lac-An

ba); de Bau Mat-cat et Bau Sau (Phuoc-vinh-ha) de Nuoc-trong (Long-vinh-Thuong) de Bau Bang et Bau Co (Thanh-tuy-thuong). Peu à peu ces marais disparaîtront pour faire place à la rizière.

Climat

C'est celui du reste de la Cochinchine, caractérisé par de faibles variations dans la température toujours élevée et par le balancement périodique des *moussons.* La température, avec une moyenne générale annuelle de 27° 5, dépasse souvent 33° (d'avril à juin) et ne descend jamais au-dessous de 24° 5. Le régime des moussons établit deux saisons bien tranchées : *saison sèche* de novembre à avril, *saison des pluies* de mai à octobre. Les pluies sont amenées par la mousson d'été du Sud-Ouest. Les typhons qui accompagnent les changements de ces moussons se sont rarement fait sentir jusqu'au territoire de Bienhoa A noter que les précipitations de pluies sont plus abondantes dans l'Est de la province (de 1.500 à 2.000 millimètres par an) que dans l'Ouest (de 500 à 1.000) à cause de la présence des forêts qui constituent une zone de condensation de l'humidité aérienne. A noter également que, si la fièvre paludéenne disparaît peu à peu de l'Ouest, elle règne sans conteste d'un bout de l'année à l'autre, sous le nom de fièvre des bois dans les forêts et marécages de l'Ouest mal ventilés et où s'accumulent les débris végétaux.

Les habitants

A. — L'Élément indigène

a) *Historique du peuplement de la province.* — (Races autochtones et races étrangères). — Des *populations primitives* on ne sait que peu de choses.

Les Malayo-Polynésiens, d'après Kern, habitaient primitivement l'Indochine, qui semble avoir été leur berceau et c'est sans doute de la basse Cochinchine qu'ils s'élancèrent à la conquête des archipels du Pacifique. Ils succédaient eux-mêmes à des peuplades préhistoriques dont l'existence nous a été révélée par la découverte de pierres taillées et d'instruments de bronze en plusieurs points de la province. Les Moïs actuels seraient les descendants de ces populations autochtones.

Plus tard, vers le IIe siècle ap. J. C., les envahisseurs hindous, partant des bouches du Mékong, fondèrent le royaume de Founan, qui englobait la Cochinchine actuelle. Il semble aussi que l'ancien empire du Champa formé par la réunion, sous l'hégémonie des mêmes envahisseurs hindous, des populations sauvages de l'Annam actuel qu'ils civilisèrent à un haut degré, s'est étendu jusqu'à la Cochinchine. Des vestiges de cette époque semblent le prouver. Dans la pagode de Buu-son (Binh-thanh) à un km. de Binh-truoc, le chef-lieu, est conservé un grand bouddha en granit doré, trouvé par hasard par des indigènes dans le tronc d'un vieil arbre. Les inscriptions qu'elle porte sont écrites en caractères cham bien tracés et encore très lisibles. Elles ont été traduites par M. Aymonier. D'autre part, une divinité à tête d'éléphant, en granit, qui n'est autre sans doute que le Ganeça hindou, peut se voir dans la pagode de Phuoc-hôi au village de Tan trieu-tay. Cette statue porte des inscriptions cambodgiennes et semble être un témoin de la suzeraineté des *Khmers* sur la Cochinchine vers le VIIIe siècle.

Néanmoins, cette domination des envahisseurs étrangers fut de peu de durée, du moins dans la région qui nous intéresse. Profitant des rivalités qui mettaient aux prises Cambodge et Champa, une grande tribu moï. dite des *Che-ma*, celle-là même qui peuple aujourd'hui la Cochinchine orientale, le Haut-Donaï et le Binh-thuan, se retira dans la zone inculte et sauvage à l'Est de Nui Chua-chan et s'érigea en principauté relativement indépendante, aujourd'hui fractionnée en sous-tribus assez nombreuses, qui étendit sa puissance sur tout le bassin du Donaï. Les Moïs de cette région ont conservé, encore aujourd'hui, dans leurs traditions, le souvenir du royaume qu'ils formaient jadis et qui devait, grâce à sa barrière de montagnes, de ravins, de marais et de brousse malsaine, subsister pendant des siècles, entre les deux plus puissants royaumes de l'Indochine méridionale, le Cambodge et le Champa.

Mais au XVIe siècle, ce dernier royaume s'effondre devant les conquérants annamites venus du Nord, en une irrésistible vague, et la puissance Cham vient agoniser dans son ultime province de Panduranga (le Binh-thuân actuel), où elle fait alliance avec la principauté Che-ma contre l'ennemi commun. Cette résistance ne pourra durer longtemps. Le royaume Khmer croule à son tour au XVIIe siècle sous les coups des Siamois et sa domination s'efface des terres de Cochinchine.

La poussée annamite se fait à nouveau sentir ; elle traverse la barrière du Varella, s'infiltre dans le Sud Annam actuel et arrive dans la région du Donaï vers l'année 1650. Les écrits que nous ont laissé les premiers missionnaires de l'Indochine nous ont décrit les rapports entre les Moïs et ces nouveaux conquérants, qui affectent d'abord l'apparence d'échanges commerciaux. Situation transitoire, car l'hégémonie annamite établie sur la péninsule depuis la chute du Champa ne va cesser de croitre pendant tous les XVIIIe et XIXe siècles. Les Annamites, de plus en plus nombreux dans le Panduranga en pleine décadence, commencent à s'infiltrer au Cambodge qui occupe encore toute la Cochinchine actuelle. L'empire Khmer, harcelé par les Siamois, est en ruines. Les armées annamites, après plusieurs campagnes, s'installent définitivement aux bouches du Donaï ;

dix ans plus tard, en 1699, est nommé le premier Gouverneur, chargé de l'administration des nouvelles provinces conquises qui prennent le nom de Giadinh.

C'est vers l'année 1700, néanmoins, qu'est consommée la ruine de la Principauté Che-ma. Déjà possesseurs de la Basse-Cochinchine et du Panduranga, les Annamites ne peuvent laisser subsister au milieu de leurs nouveaux domaines ce carré indépendant. La conquête du pays Che-ma ne fut d'ailleurs qu'une épisode très secondaire de leur marche vers le Sud et les « Annales » ne nous ont point transmis l'écho de ce fait divers que nous ne connaissons que par les traditions Che-ma.

En 1754, marquant une étape mémorable de la conquête du pays virtuellement achevée depuis 50 ans, Hué nomme le premier vice-roi (Kinh-luoc) de la Basse-Cochinchine, avec résidence à Saigon et juridiction sur le Khanh-hoa, le Binh-thuan, *Biênhoà*, Giadinh et Vinhlong. C'est de cette époque sans doute que datent les deux routes stratégiques et commerciales, dont, en 1882, le Lieutenant Gautier, au cours de son exploration au pays des Moïs de la Région du Donaï, découvrait les vestiges. L'une partait de Trian et, remontant la vallée de la Da-oué, rejoignait la région de Djiring. L'autre partait du confluent du Donaï et de la Lagna et longeant cette dernière rivière, coupait la chaîne de bordure de l'Annam au Nui Ong et se dirigeait vers le Khanh-hoa. La colonisation annamite de la Cochinchine entière et d'abord de la région orientale, bassins du Donaï, Vaïco, s'opère rapidement. Au XVIIIe siècle, l'élément annamite est devenu prépondérant par le nombre et la puissance.

Les « Annales » mentionnent qu'en 1755, lors d'une campagne contre les Cambodgiens, les Annamites levèrent un fort contingent de Che-ma, qui guerroyèrent avec eux jusqu'à Nam-vang (Phnom-Penh). Peu à peu ces peuplades se mêlèrent de gré ou de force à leurs voisins annamites et aussi aux tribus moïs limitrophes de leur domaine, les *Stiengs*, lesquels avaient subi pendant des siècles l'empreinte cambodgienne. (Ces Stiengs sont établis aujourd'hui dans la partie septentrionale de la province, au Nord et à l'Est de la Nui Bara).

Les Annamites, définitivement installés en Cochinchine dès le début du XVIIIe siècle, ont donc eu des relations avec les sauvages du haut pays (vallées du Donaï, Song Bé). Ces derniers ne furent d'ailleurs jamais aussi maltraités qu'au Laos et au Cambodge. Les rapports furent surtout commerciaux et les razzias d'esclaves n'eurent jamais lieu dans cette région, comme sur les bords du

Mékong. Cependant, à notre arrivée en Cochinchine, il y avait un grand nombre d'esclaves moïs dans les diverses provinces. Sans doute provenaient-ils des intermédiaires cambodgiens ou Stiengs. Les tribus moïs les plus rapprochées de la plaine, celles du Bas Donaï et du Bas Song Bé, furent, dès la conquête annamite, administrées directement par les vainqueurs. La limite des tribus soumises s'étendit en 1830 jusqu'à la montagne Thanh-mau (Nui Ba-ké) au Sud-Est et à la montagne Tho-son au Nord-Est. Les traficants annamites qui remontaient le Song Bé jusqu'aux rapides du tram de Sa tam, se rendaient par terre jusqu'au lieu dit Thue-truong, où ils vendaient leurs marchandises aux Moïs et aux Cambodgiens de l'hinterland. Les Moïs les plus voisins furent ainsi rapidement pénétrés. Cambodgiens, Annamites et

Le labourage des rizières
(Thanh Phuoc)

Moïs, à la faveur des guerres et des révolutions se métissent rapidement et c'est cette population hybride que nous trouvions à notre arrivée occupant les cantons moïs de Bienhoa, dans la région de An-binh et du Nui Chua-chan. Plus au Nord vers le plateau central, la race, mieux isolée, est restée plus pure, plus vigoureuse et plus perfectible. Il y a là peut-être une tâche intéressante de soumission et d'adaptation progressive pour notre administration.

b) *État actuel de la population.* — La province de Bienhoa, comme d'ailleurs les autres provinces cochinchinoises, ne présente donc pas d'unité ethnographique.

Deux éléments, à l'heure actuelle, prédominent: les Annamites, concentrés principalement dans les dix cantons du Sud-Ouest et les Moïs, éparpillés sur la vaste région du Sud-Est et du Nord du Donaï. A côté d'eux, mais en nombre bien moindre, il faut mentionner les Cambodgiens groupés dans quelques villages du Nord de la province, des Chinois, des Indiens, quelques Malais dans les centres commerçants de la province, et également quelques Philippins.

Le repiquage du riz
(Thanh-Phuoc)

Les Annamites, au nombre de 115.595, représentent à eux seuls plus de 90 °/₀ de la population de la province. Ils se sont concentrés dans la région riche sur les deux rives du Donaï (plus de 120 habitants en moyenne au Km2 dans les dix cantons, exception faite cependant de Chanh-my-ha où la population est plus clairsemée). Ils vivent de préférence groupés par villages, dont quelques-uns sont importants (Tan-uyen, Ben-ca, Ben-go, Long-thanh). De taille plutôt petite comme la plupart des Cochinchinois, ils sont assez robustes, excepté dans les régions malsaines. Ils sont surtout agriculteurs et bons agriculteurs. Leur ardeur infatigable et leurs procédés minutieux de culture leur ont permis de tirer également profit des régions moins favorisées que celles voisines du Donaï. Ils sont aussi pêcheurs très habiles par suite du grand nombre des rivières et des étangs. Comme dans tout le reste du pays, l'Annamite de Bienhoa, jusqu'à ces derniers temps, s'est relativement peu occupé de commerce (exception faite naturellement du petit commerce de boutiques des villages) ; il semble aujourd'hui vouloir se ressaisir et l'on trouve dans quelques centres de la province, des indigènes à la tête d'un commerce ou d'une industrie importante (marchands de bois, carriers, entrepreneurs de construction, etc...). Un certain nombre

(Photo Nadal – Saigon)

Moïs Rô et le « Tong » moï de Phuoc-thanh

s'emploient dans les plantations de caoutchouc, mais en petit nombre seulement jusqu'à présent et plutôt comme surveillants d'équipes (caïs ou caporaux) ; aussi les planteurs sont-ils obligés de recourir à la main-d'œuvre moï et surtout à celle des provinces d'Annam et même du Tonkin. La maison annamite paysanne est toujours la simple case en torchis recouverte en paillote, blottie au milieu des palmiers et des bambous. Mais, de plus en plus, s'élèvent de véritables maisons, à rez-de-chaussée, en briques et couvertes en tuiles. Dans les centres, les riches propriétaires ou les fonctionnaires (notamment les chefs de canton) ont fait élever de belles et confortables demeures à vérandah, précédés de jardins minutieusement entretenus.

Les *Moïs* (11.400 environ, non compris les *Stieng indépendants* du Nord (Moyen Song Bé et Rlhap) dont il est impossible d'évaluer le nombre. Les tribus qui peuplent les cantons moïs de Bienhoa sont désignées par les Annamites sous le nom générique de Moïs. Cet appellatif, dont l'usage a prévalu, est

(Photo Nadal — Saigon)

Groupe de Moïs Rô

synonyme de Hoi, Trai, nom donné à certaines tribus de l'Annam. C'est un terme de mépris qui veut dire « sauvage » presque l'équivalent du « barbare » des Romains.

Ils appartiennent, nous l'avons vu, à deux importantes familles, les *Che-ma* et les *Stiengs.* Les *Che-ma* (Che-ma, ou Tioma) occupent tous les cantons compris entre le Binh-thuan et la Basse Cochinchine, le bassin du Moyen Donaï et le plateau auquel ils ont donné leur nom. Ils se subdivisent en sous-tribus assez nombreuses, dont les Traos *(Trau* ou *Chrau)* qui peuplent les derniers contreforts de la Chaîne annamitique (Traos Lays au Sud du Donaï moyen, Traos Bat au Nord) s'étendent jusqu'à Baria et se trouvent établis à Bienhoa dans les cantons de Phuoc-thanh et une partie de Binh-lam-thuong. Les cantons de An-vieng et de Tap-phuoc sont habités par des gens de la tribu des *Rô*. Les *Cop* (Chop), qui occupent la région du Moyen Donaï et de la Lagna, peuplent les cantons de Binh-tuy, Thuan-loi et Tan-thuan. Des Che-ma se retrouvent sur le territoire du canton annamite de Chanh-my-ha. Au delà d'An-binh et du Song Rat est fixée la tribu à peu près insoumise des *Bu-Lu*.

Les *Stiengs* (qui s'appellent Ke-dung ou Se-dung) forment une puissante et guerrière famille aux villages nombreux et peuplés, composés de maisons sur pilotis. On les retrouve à Bienhoa, depuis le versant du Mékong jusqu'à la Nui Bara, c'est-à-dire sur le cours du Song Bé inférieur et de ses derniers affluents de gauche et de droite, le Rlhap et le Hoyt. Nous avons vu qu'ils sont fortement cambodgianisés. Les métis d'Annamites et le Moïs sont beaucoup moins nombreux.

Les uns et les autres vivent des produits d'une agriculture fort primitive (riz de montagne, maïs) à laquelle ils joignent le gibier provenant de la chasse à l'arbalète ou au piège, où ils excellent. Les Moïs déplacent fréquemment leurs villages (*sok* des Stiengs, *srok* cambodgien) faits de quelques vastes cases sur pilotis, soit qu'ils veuillent faire un nouveau ray pour semer leur riz, soit qu'ils désirent fuir une épidémie ou de mauvais esprits signalés par leur sorcier, ou encore éviter l'importunité des étrangers. Leur industrie vaut leur agriculture. La plupart des femmes savent tisser le coton. Quelques villages tressent des nattes, des paniers, des hottes, des chapeaux. Enfin, ils façonnent la glaise en poterie grossière. Leur commerce est insignifiant : du bétail et quelques oiseaux qu'ils vendent ou échangent contre le sel, le tabac, des étoffes, de l'alcool, etc..

Dans leur ensemble, ces tribus indolentes et superstitieuses ne paraissent que difficilement susceptibles de progrès. Elles reculent et diminuent devant leurs voisins annamites plus intelligents, plus patients et surtout plus politiques qui, lentement mais sans arrêt, s'insinuent dans la région moï.

Les *Cambodgiens*. — Les statistiques administratives mentionnent dans la province le canton cambodgien de Binh-cach, avec huit villages, comptant 1763 habitants, En réalité, il y a fort peu de Cambodgiens de pure race sur le territoire de Bienhoa. Il s'agit là plutôt de Moïs Stiengs métissés de Cambodgiens ou fortement cambodgianisés, comme nous l'avons signalé plus haut, et ayant pris la langue, les vêtements et les mœurs de leurs voisins du Nord.

Les *métis sino-annamites*, ou Minh-huong sont assez nombreux (1350). Ils sont assimilés aux Annamites et ont les mêmes droits et les mêmes devoirs au point de vue administratif.

Les *Chinois*, au nombre de 2.384 inscrits, sont établis au chef-lieu, dans les marchés importants et d'une façon générale dans tous les centres riches de la province, où ils détiennent la grosse part du commerce et de l'industrie. Quelques-uns sont à la tête d'affaires très importantes. Ils sont groupés en quatre congrégations (Canton, Pho-khien, Hakas, Trieu-chau) d'après leur origi-

L'Inspection de Bienhoa
(Vue prise du Donaï)

ne. Les congrégations sont dirigées par un chef et un sous-chef. Le chef de congrégation sert d'intermédiaire entre l'Administration et la collectivité des individus composant la congrégation. Il concourt à la police. Il est responsable de l'impôt dû par ses ressortissants dont il doit tenir les contrôles nominatifs.

Les Cantonnais sont avant tout commerçants et industriels. Ils détiennent la plupart des scieries, chantiers à bois, briqueteries, fours à chaux, chantiers de construction de sampans et de jonques. Ils sont également maçons, charpentiers, tailleurs. Les

Phokien, eux, se spécialisent dans l'épicerie ou la pharmacie. Quant aux Hakas, ils exercent de préférence les métiers de forgerons, tailleurs de pierre, charrons, boulangers. Enfin, les Trieu-chau, eux, sont surtout bateliers de rivière.

A noter que la congrégation d'Hainan n'est pas réprésentée dans la province.

Quant aux *Hindous* et *Malais*, auxquels on rattache aussi les Philippins (appelés indifféremment Indiens les uns et les autres dans le langage courant), ils sont fort peu nombreux et sont rattachés administrativement à la congrégation de Triêu-châu. Ils sont surtout usuriers et fermiers de marchés, bacs, abattoirs, etc...

Religions indigènes

Les Moïs sont fétichistes. Les *Hindous* et *Malais* sont musulmans. Annamites et Chinois suivent la religion bouddhiste superficielle fortement altérée de rites taoïstes par la masse du peuple ; mais c'est bien plutôt le culte de la famille et du génie, des ancêtres qui est vivace chez eux.

La population bouddhique est évaluée à 100.000 environ. Le culte est rendu par 99 bonzes et 7 bonzesses. Les pagodes sont au nombre de 69. Les plus renommées sont :

1° La pagode du Quang-de, au village de Binh-dien. Cet édifice religieux, plusieurs fois restauré, date de l'arrivée des Chinois à Bienhoa (1705). Elle appartient aux congrégations chinoises qui, cinq fois l'an, y organisent des fêtes en l'honneur du Quang-de. Ces fêtes ont lieu le 13e jour du 1er mois, le 23e jour du 3e mois, le 13e jour du 5e mois, le 15e jour du 7e mois et le 15e jour du 9e mois.

2° La pagode de Dai-giac (grande reconnaissance), nom sous lequel est désigné Bouddha, située au village de Nhi-hoa, a été bâtie au temps du roi Le-hien-Tong (1740-1746). Sous Minh-Mang, une fille de Gialong fit don à cette pagode d'une tablette sur laquelle étaient inscrits en caractères dorés les mots Dai-giac. Cette tablette existe toujours.

3° La pagode Buu-phong (précieuse montagne), date du règne de Gialong. Elle est au sommet d'une des collines de Lo-gach (village de Buu-long).

Le catholicisme est aussi répandu dans la province et la population chrétienne indigène est évaluée à 5000 âmes environ. Le culte est assuré par trois missionnaires français et trois prêtres annamites. Les églises et chapelles sont au nombre de dix. Six sont ouvertes journellement au culte. Quant aux quatre autres, elles ne le sont qu'à certaines fêtes.

Eglises desservies par des missionnaires français : Binh-truoc (chef-lieu), My-hoi, Phuoc-vinh, Bo Nua ou Bau Mua. Eglises, desservies par des prêtres indigènes : Tan-trieu-dong, Long-binh, Phuoc-thanh. Petites chapelles non desservies : Binh-loi,

L'Inspection de Bienhoa
(*Façade principale*)

Tam-an, Phuoc-lôc (Long-thanh) Tam-hoa. Outre les missionnaires et les prêtres indigènes, la province compte encore 12 sœurs de la Sainte-Enfance dont deux Françaises et dix Annamites. L'hospice du chef-lieu en occupe huit, l'Ecole de My-hoi deux et Bon-Nua deux.

B. — Les Européens
(*Français et Étrangers*)

Ils sont relativement nombreux (215 en décembre 1923). Outre le cadre ordinaire des fonctionnaires des divers Services qui se retrouve sensiblement le même dans toutes les provinces, il faut signaler, en effet, la présence, dans les nombreuses plantations créées par des sociétés, d'un chiffre élevé d'Européens occupant les fonctions de directeurs, surveillants ou comptables. Plusieurs colons dirigent eux-mêmes leurs plantations, assistés de leur famille où d'employés à leurs gages. D'autre part, des sociétés industrielles comme la B. I. F. emploient dans leurs chantiers d'exploitation et dans leurs usines tout un personnel européen.

Enfin, le chef-lieu est le siège d'une garnison assez importante composée d'une Compagnie de Tirailleurs annamites avec son cadre d'officiers et sous-officiers européens et d'une escadrille d'aviation militaire (une section terrestre, une section d'hydravions) dont le personnel européen est actuellement à effectif renforcé.

Mentionnons quelques Européens étrangers, de nationalité suisse ou hollandaise, qui sont employés dans les plantations, quelques rares Japonais, également assimilés aux Européens et qui sont planteurs ou commerçants.

Population de la province de Bienhoa (1928)

TABLEAU RÉCAPITULATIF

Annamites	115.595	hab.
Moïs. *(non compris les Tribus Stiengs du nord)*	11.400	
Chinois	2.384	
Minh-huong	1.350	
Cambodgiens	1.163	
Européens.	215	
Indiens	55	
Japonais...	3	
Population totale	132.165	hab.

RÉSUMÉ HISTORIQUE DE LA PROVINCE

L'étude du peuplement de Bienhoa nous a amené à retracer brièvement son passé. On peut le compléter d'une relation sommaire de son histoire moderne et contemporaine.

Bienhoa, autrefois province cambodgienne, fut conquise sous le roi Le-than-Tong (1648-1663) par le seigneur de Hué (Annam) Nguyen-hieu-Vuong, et colonisée par les habitants du Quang-nam, du Quang-ngai et de Binh-dinh.

Vers 1705, Duong-ngan-Dich, général d'une armée de la dynastie chinoise des Minh, ayant été battu par les Tartares, s'enfuit sur des barques et aborda, avec 3.000 guerriers, dans le royaume d'Annam. Le roi de ce pays, informé, par des mandarins, de cette arrivée, ordonna d'accueillir amicalement les Célestes, de recevoir leur soumission, mais de les envoyer en Cochinchine coloniser de nouveaux terrains.

Les Chinois se rembarquèrent et se dirigèrent vers le territoire qui leur était assigné : les uns avec Duong-ngan-Dich s'établirent à Mytho, les autres avec Tran, 2e chef de l'expédition, allèrent se fixer dans l'île de Culao-Phô et sur les rives du Donaï, notamment à Ban-lan (Bengo actuel).

L'Inspection de Bienhoa et le parc

Ces étrangers s'allièrent avec les Annamites établis précédemment dans ces régions, et se mirent à défricher et à cultiver le pays.

Des fonderies furent créées, des pagodes construites, des rues tracées. En peu de temps, le village de Ban-lau devint un centre commercial important, activement fréquenté par les navires de commerce de nationalités différentes qui remontaient Donaï pour venir trafiquer et y échanger leurs marchandises.

Le nombre de colons résidant dans l'ancien territoire conquis aux Cambodgiens ayant considérablement augmenté, le Huyen de Phuoc-long (sous-préfecture) fut d'abord fondé, puis transformé en phu (préfecture), qui comprenait quatre huyen : Phuoc-chanh, Binh-an, Long-thanh et Phuoc-binh.

Le roi Minh-Mang changea cette organisation administrative; il l'agrandit et en fit une province du nom de Bien-hoa-tinh qui eut comme limites : au Nord, la province Binh-thuan ; au Sud, la province de Giadinh ; à l'Est, la mer ; à l'Ouest, le Royaume du Cambodge.

Bienhoa-tinh a formé sous la domination française trois provinces : Baria, Bienhoa, Thudaumot.

La province de Bienhoa actuelle a été constituée par les huyen de Phuoc-chanh et de Long-thanh.

Cette province appartient aux Annamites jusqu'en 1861, date de l'arrivée en Cochinchine du contre-amiral Bonnard, nommé Commandant en chef de l'expédition française en remplacement du vice-amiral Charner, arrivé au terme de son commandement.

L'Amiral Bonnard s'occupa, immédiatement, suivant les instructions du Ministre de la Marine, de porter les frontières de notre colonie naissante à l'Est de Saigon déjà en notre pouvoir.

C'est dans ce but que fut entreprise l'expédition de Bienhoa.

Située à une vingtaine de kilomètres de Saigon, sur la rive gauche du Donaï et à cheval sur la route de l'Annam, la petite citadelle de Bienhoa avait servi de point de ralliement à Nguyên-tri-Phuong et un grand nombre de fuyards de l'armée de Chi-Hoa. Elle était donc, à ces divers titres, particulièrement inquiétante, Ses abords, du côté de Saigon, étaient d'aillleurs puissamment défendus par de nombreux ouvrages et obstacles, et notamment par un camp retranché de 3.000 hommes établi à moins de deux lieues des positions françaises, sur le plateau de My-hoa. Le Donaï, en avant de la place, était lui-même obstrué par neuf solides barrages en bois et par une estacade en pierres. Tout ces travaux étaient dominés. sur les deux berges, par des fortins garnis de pièces d'artillerie.

Ce puissant système de défense fut reconnu en détail par l'amiral Bonnard lui-même, qui décida, pour éviter tous retards, de l'aborder de front. Un dernier ultimatum fut alors adressé par lui à l'ambassadeur de la Cour de Hué qui se trouvait dans la place; et cette démarche étant restée sans réponse, les deux colonnes désignées pour l'expédition reçurent, dans la matinée du 14 décembre, l'ordre de se mettre simultanément en marche La première d'entre elles, composée d'infanterie franco-espagnole, de quelques cavaliers et de quatre obusiers, et placés sous les ordres du chef de bataillon Comte, était allée, dès la veille, bivouaquer sur les hauteurs de Hung-loc ; elle se porta aussitôt sur le village de Gocong de la province de Bienhoa, clé

Le jardin de l'Inspection à Bienhoa

de la position avancée de My-hoa ; elle fut remplacée dans ses cantonnements par la deuxième colonne, commandée par le colonel espagnol Domenech Diego, placée en réserve, et destinée à soutenir, au besoin, les opérations d'avant-garde. En même temps, le Capitaine de vaisseau Le Bris remontait, à la tête de deux compagnies de débarquement, l'arroyo de Gocong, tandis que le commandant de la « Renommée », suivi de ses embarcations, se portait sur le même point par la voie du Rach Tiet. Cette triple attaque, fort heureusement combinée, fut couronnée d'un plein succès, et le village de Gocong fut enlevé après un court engagement.

Ce premier point occupé, on se porta sans tarder sur les forts qui s'échelonnaient sur la rive droite du Donaï : une savante manœuvre tournante les fit tomber en notre possession malgré leur résistance opiniâtre. Le camp de My-hoa, ainsi dégarni, put être attaqué le lendemain, au petit jour, par toutes les colonnes réunies, qui l'enlevèrent d'un magnifique élan : les troupes qui le défendaient se dispersèrent en désordre du côté de Bienhoa.

Le moment était venu de marcher sur la place elle-même. L'amiral, se rendant compte des réelles difficultés que pouvait présenter ce dernier effort, prit en personne la direction des opérations et s'avança contre la citadelle sur l'aviso à vapeur l'« Ondine », battant son pavillon : il était suivi d'une seule canonnière, commandée par le Lieutenant de vaisseau Jonnard. Un feu nourri fut aussitôt ouvert contre les ouvrages qui abritaient l'ennemi ; à la troisième salve, la résistance cessa, et Bienhoa, livré aux flammes, fut abandonné par ses défenseurs. Les troupes alliées y firent leur entrée le lendemain 16 décembre. Deux jours à peine avaient suffi à nous assurer cet important succès, dont les principales conséquences ont été résumées ainsi qu'il suit par l'amiral Bonnard lui-même, dans son rapport au Ministre :

« Destruction complète et dispersion du camp de My-hoa, « situé à trois lieues de Saigon ; prise de trois forts et explosion « d'un quatrième ; évacuation totale de la province de Bien- « hoa par l'armée de Tu-Duc qui, craignant d'être coupée « sur la route de Hué, ce qui est en voie d'exécution, s'est enfuie « en désordre à travers les montagnes, en abandonnant tous les « forts si péniblement entassés les uns sur les autres et brûlant « les magasins ; prise de quarante-huit pièces de canon, d'un « approvisionnement de bon bois de construction et de quinze « jonques royales, dont dix de près de deux cents tonneaux ; « en possession d'une citadelle où, malgré les dégâts que « l'ennemi a cherché à commettre, les alliés ont pu installer « immédiatement une garnison respectable avec un hôpital de « cent lits, dans un pays magnifique, où l'on ne rencontre pas « de marécage (1). »

Après la prise de Vinhlong, le roi Tu-Duc demanda à traiter. La paix fut conclue le 5 juin 1862 ; le roi d'Annam cédait à la

(1) Extrait d'une Notice sur la conquête des provinces de la Basse-Cochinchine. — (Publication de la Société des Etudes Indochinoises).

France les provinces de Bienhoa, de Saigon et de Mytho. Longtemps après la conquête. les Français eurent à réprimer les incursions des Annamites qui s'était retirés chez les Moïs et dans les forêts de la province.

Pour maintenir les rebelles et particulièrement pour empêcher les incursions des Annamites de l'Annam, des camps retranchés furent construits à Bienhoa, puis, en 1862, à Long-thanh, et une compagnie composée de soldats d'infanterie de marine et de spahis tagals, commandée par un officier français, y tint garnison : l'on voit encore dans ce village les remblais et les fossés qui entouraient le fort.

Les bureaux de l'Inspection

Un poste avancé, alimenté par la compagnie de Long-thanh, fut même créé à Bao-chanh, à 40 Km. environ de la route de Phanthiêt ; il fut commandé par le capitaine Bousignon qui devint plus tard inspecteur des affaires indigènes.

Mais, en proie à la fièvre des bois, au pied du Nui Chuachan, nos soldats étaient décimés. Le poste de Bao-chanh fut supprimé en 1865 et celui de Long-thanh quelques années après.

On remplaça ce dernier par une escouade de miliciens et plus tard de tirailleurs.

Depuis 1887, aucune garnison n'existe plus à Long-thanh où ne se trouve actuellement qu'un poste forestier (Phuoc-tan).

La route de Long-thanh à Dan-giay coupe l'emplacement de cet ancien fort. A gauche de cette route, on aperçoit quelques tumulus que les vieux Annamites déclarent être des tombes de soldats français. On reconnaît encore le tombeau d'un officier français qui serait mort chez les Moïs de Cam-ngon (près de Trian), vers 1862, dans des circonstances restées inconnues.

Depuis 1862 jusqu'à nos jours, la province s'est développée normalement dans le cadre des institutions, adaptées de celles existant à la conquête, dont elle a été dotée.

Les chefs successifs de la province ont exercé un contrôle bienveillant, mais efficace, sur les organismes cantonaux

Le Tribunal de Bienhoa

et communaux placés sous leur autorité. Chefs de canton et notables ont de leur côté fait peuve d'aptitudes meilleures à l'exercice des fonctions publiques, grâce à la diffusion de l'instruction dans la plupart des villages.

Limitée d'abord aux seuls cantons annamites voisins du Donaï, l'organisation administrative de l'arrière-pays, précédant sa mise en valeur économique, a été la tâche commune aux chefs successifs de la province.

Dès 1889, toute la région moï de Bienhoa voisine de la frontière d'Annam et du Plateau central était reconnue et même un poste administratif était créé, d'abord à Bao-chanh, de là transféré à Tra-cu ; puis, plus à l'Est, à Tan-linh sur les bords du Song-cat.

Le Protectorat de l'Annam, sans tenir compte de cette occupation antérieure, justifiée d'ailleurs par la recherche d'une frontière naturelle, a occupé depuis lors Tan-linh, qui est devenu le siège d'un huyen de la province de Binh-thuan. Il revendique, en outre, la région forestière voisine et une bonne part du bassin de la Lagna. Pareilles prétentions ne se justifient, semble-t-il, pas plus historiquement que géographiquement.

DESCRIPTION POLITIQUE ET ADMINISTRATIVE DE LA PROVINCE

I. — Divisions administratives et centres importants

La province comprend dix cantons annamites avec 115 villages, six cantons moïs avec 39 villages et un canton cambodgien avec 8 villages, dont la liste est dressée ci-après avec la population que compte chaque canton, en 1923 (1).

Description sommaire des Cantons Annamites et Mois

Bienhoa, chef-lieu de la province, à 30 kilomètres de Saigon, sur la rive gauche du Donaï. L'agglomération compte environ 3.200 habitants (Village de Binh-truoc) ; la commune a près de 5.000 habitants.

Cette petite ville est une des plus pittoresquement situées de la Cochinchine. Enfouie sous les frondaisons de la rive boisée du Donaï, au point où ce fleuve s'étale largement dans la plaine, elle offre un ravissant coup d'œil, vue de la berge opposée, de Cau-ngua (Binh-long) où subsiste l'ancien appontement du bac, toujours utilisé par les indigènes et qui, il y a une vingtaine d'années, était, avec la chaloupe des Messageries Fluviales, le seul moyen de communication entre Saigon et l'Est cochinchinois. Le paysage est borné au Nord par la petite île allongée et touffue de végétation, derrière laquelle se profile la colline de Lo-gach, au Sud, par une autre plus vaste, celle de Culao-pho que franchit à son extrémité un double viaduc métallique. On se croirait au bord d'un lac, fort agité parfois, lorsque le vent souffle en bourrasque sur cette vaste surface découverte.

---

(1) Par village, il faut entendre tout le teritoire de la *commune*, avec les différents hameaux qu'elle renferme. Le village proprement dit est rarement groupé en une seule agglomération.

Divisions administratives

NOMS DES CANTONS	NOMBRE DE			
	VILLAGES	INSCRITS	NON INSCRITS	DISPENSÉS
Annamites				
Binh-lam-thuong	8	415	3.408	22
Chanh-my-thuong	9	2.104	6.560	265
Chanh-my-trung.	19	4.135	10.325	386
Chanh-my-ha	15	2.909	9.130	259
Long-vinh-thuong	9	2.598	8.000	254
Phuoc-vinh-thuong	9	2.321	9.003	283
Phuoc-vinh-trung.	8	1.963	5.524	229
Phuoc-vinh-ha...	12	2.773	8.053	277
Thanh-tuy-thuong	15	3.935	11.827	468
Thanh-tuy-ha	11	3.734	14.023	412
Moïs				
An-vien	6	475	972	87
Phuoc-thanh	10	1.183	3.345	225
Binh-tuy	7	592	1.024	99
Tap-phuoc	7	605	1.152	102
Thuan-loi	6	368	745	25
Tan-thuan	1	53	263	8
Cambodgien				
Binh-cach	8	283	827	53
Totaux...	160	30.445	94.181	3.454

La ville s'allonge pittoresquement le long du fleuve sur plus d'un kilomètre. Elle s'embellit peu à peu, mais les quartiers du centre indigène, autour de la place du marché, sont assez mal bâtis et nuisent à la grâce de l'ensemble. Dans un parc bien tracé, ouvert sur le Donaï, est située l'inspection toute moderne et des plus confortables. Un gracieux pavillon s'élève également sur la berge même du fleuve, à côté de l'appontement particulier de l'Inspection. Deux autres appontements et une poissonnerie se détachent, plus loin, du quai, en face du Bungalow et du cercle installé dans un vaste bâtiment, sous des arbres majestueux. Puis c'est le camp des hydravions, récemment installé, avec ses hangars, ateliers, casernes, et qui va se compléter prochainement de jolis pavillons pour les officiers et sous-officiers de l'escadrille. Au delà du camp, on aperçoit la vieille et ancienne pagode de Binh-truoc avec ses frises chinoises, faites de minuscules statuettes de porcelaine, retraçant la vie d'une divinité, et quelques antiques statues en bois peint près de l'autel. En remontant plus haut le quai, on rencontre la grande batisse du théâtre Annamite et le quartier chinois des constructeurs de barques. Sur une petite éminence, en arrière du fleuve, c'est un vaste blockhaus auquel on accède par une magnifique allée de flamboyants aux troncs énormes. Construit en 1879 sur l'emplacement de l'ancienne citadelle annamite, il sert actuellement de logement aux officiers de la Compagnie de tirailleurs. Le camp des tirailleurs est installé aux environs. Le centre lui-même n'offre pas d'autre curiosité. Ce sont les bâtiments publics (hôpital, écoles, tribunal, casernes des miliciens, etc...) et les villas des fonctionnaires que l'on retrouve dans tous les chefs-lieux de province.

A 3 kilomètres de la ville, sur leplateau de Binh-thanh et le long de la route de Trian, est installé le camp d'aviation terrestre, avec ses multiples hangars, magasins, ateliers et un vaste champ d'atterrissage. A proximité, à la lisière d'un bois c'est le groupe de pavillons où demeure le personnel européen de la section terrestre de l'escadrille.

I. — Cantons Annamites

Canton de Chanh-my-ha. — 15 villages. — 12.298 habitants. — 46 km. de Bienhoa, villages de (1) An-linh*, Binh-Co*, Chanh-hoa,

(1) Les villages marqués d'une astérisque sont des villages forestiers (56 en tout, repartis dans 8 cantons).

Chanh-hung*, Lac-an*, My-duc, My-loc*, Phuoc-hoa* (1625 h.), Phuoc-vinh*, Tan-hoa* (1590 h.), Tan-nhuan-an*, Tan-tich (1322 h.), Thanh-hoa*, Thuong-lang*, Phuoc-sang.

My-loc : Ecole cantonale (1340 h.).

Canton de Chanh-my-Trung. - 19 villages. — 14.846 habitants. 19 Km. de Bienhoa.

Au village de Vinh-Phuoc qui dépend de ce canton, on trouve des nattes et des vans de fabrication indigène.

Villages de An-chu, Binh-chanh-dong (1224 h.), Binh-chu, Binh-hoa (1664 h.), Binh-hung, Dieu-hoa, Du-khanh, Hiep-hung, Nhut-thanh, Phuoc-hai-dong, Tan-ba, Tan-hoi, Tan-long, Tan-luong (1018 h.), Tan-trach (1203 h.), Tan-Uyen (1323 h.), Thien-khanh (1023 h.), Vinh-phuoc, Tan-my. L'île fertile et vaste de

Le Cercle de Bienhoa

Binh-chanh renferme les villages de An-chu, Tan-trach, Binh-chanh-dong, Dieu-hoa et Binh-hung ; celle de Culao Rua en compte deux : Tan-hoi et Nhut-trach.

Binh-hung.— Il existe une légende concernant ce village : Autrefois, à Rung-cam, se trouvait un serpent cheval de trois mètres de long, sans queue avec une crête sur la tête. Quand il entrait dans la forêt, il y avait un incendie. Les habitants firent des vœux à la déesse du pays pour que le serpent ne revienne plus. Ils furent exaucés et depuis, comme remercîments, on célèbre deux fêtes tous les cinq ans.

Tan-hoi et Nhut-Thanh, dans l'île de Culao Rua.

Tan-ba : En face du village se trouve le bac avec lequel on traverse le Donaï pour se rendre à Culao Rua.

Dong-van : Marché du village de Tan-ba à une heure de Bienhoa, par le Donaï, à une demi-heure par la route (2 itinéraires par Bach-Rhoi et son bac, ou par Hoc-an et la rive droite), centre important situé sur une hauteur. Un escalier creusé dans la pierre et dont les marches ont 10 mètres de long la relie au fleuve ; au bas se trouve un appontement. Les chaloupes et les

Bienhoa. — L'entrée de la ville.

jonques peuvent y accoster. A cent mètres, on voit les vestiges d'un parc à éléphants ayant appartenu au roi Gialong. Centre renommé par ses cannes à sucre.

Tan-uyen : Marché le plus important de la province très fréquenté ; chrétienté ; école cantonale ; belle maison commune en briques. Vestiges d'un fort immense, dont l'origine est la suivante : ce centre était autrefois piraté souvent par les Moïs de Binh-Son et de Binh-Cach. Un mandarin nommé Hiep, portant le titre de « Binh-mang » fut chargé de construire un fort. Une des portes de la citadelle était en face de l'étang de Cai-trung, une deuxième à 1 km ; une autre citadelle avait été construite près de la source de Ba-lanh. Entre les deux citadelles, se trouvait une place spacieuse pour loger les éléphants.

Canton de Chanh-my-thuong. — 9 villages. — 8.929 habitants. — 5 km. de Bienhoa.

La pierre de granit est exploitée en grande partie dans le canton. On y rencontre trois grandes poteries dans les villages de Tan-van, Hoa-an, et Tan-thieu.

Villages de Binh-long, Binh-tri (1.392 h.), Hoa-an (1.326 h.), My-thanh, Tan-ban, Tan-hanh (1.447 h.), Tan-phuoc-dong, Tan-thien, Tan-Van.

Chodon : Marché important ; maison commune curieuse ; fabrique de poteries. Ebénisteries renommées dans toute la Cochinchine.

Tan-van : Fabrique sur une grande échelle de jarres, gargoulettes, plats, théières, avec de l'argile trouvée à proximité (1709 h.).

Binh-long : Ecole cantonale.

Canton de Phuoc-vinh-Ha. — 12 villages. — 10.603 habitants. 16 km. de Bienhoa.

Il existe dans le village de Binh-thanh des fonderies d'où sortent des socs de charrue et marmites de cuivre.

Villages de Binh-loi, Binh-ninh, Binh-phu, Binh-thanh (1.745 h.) Binh-thao Dai-an* (1.121 h.), Long-loc Tan-dinh*, Tan-hien, Tan-phu (1.611 h.), Thien-quan (1.180 h.), Tan-hoa.

Tri-an, à quatre heures de Bienhoa en chaloupe ; à trois heures de Tan-Uyen sur la rive gauche du Donaï, au confluent de ce fleuve avec le Song-Bé, petit village ; à trois kilomètres au dessous de Trian se trouve le premier rapide.

Village de Cay-gao : Ecole cantonale. A 5 heures de Tri-an, en charrette jusqu'à Cay-gao, route carrossable, site superbe ; village non loin des Moïs.

Benca : Ecole cantonale ; marché important.

Canton de Phuoc-vinh-trung. — 8 villages, 7.716 habitants, 8 kilomètres de Bienhoa. Le granit est exploité en quantité considérable dans ce canton, sous forme de moellons, cailloutis, meules de moulin, socles, dalles. C'est le canton qui produit le plus de sucre.

Villages de Binh-thach, Binh-y (1.182 h.), Binh-long (1.658 h.), Tan-phong. (1.166 h.), Tan-trieu-dong Tan-trieu-tay, Thanh-phuoc, Thoi-son. (1.035 h.).

Bach-Khoi : Fabrique de tuiles creuses ; tuiles annamites; carrières de pierre, chrétienté.

Binh-Dieu : Fabrique de vases à fleurs ; crachoirs ; pots à bétel ; jarres ; carrières. Les Chinois taillent la pierre extraite pour daller les tombeaux et les pagodes. Ils confectionnent également, des moulins à riz et des mortiers.

Canton de Phuoc-vinh-thuong. — 8 villages. — 11.617 habitants. — 11 km. de Bienhoa.

A ce canton appartient l'île de Culao-Pho où les Annamites avaient fondé un centre autrefois très important. Une superbe pagode restaurée par les Chinois existe encore. On y trouve les traces d'une fonderie et d'une manufacture de canons en cuivre.

Bienhoa. — Le marché

Villages de Binh-truoc (chef-lieu de la province). Binh-an Nhi-hoa, Nhut-hoa (1.016 h.), Tam-hon, Tan-lai (1.361 h.) Tam-mai, Vinh-cuu.

Binh-truoc : Village important, chef-lieu de la province. Ecole provinciale et école cantonale (4.834 h.).

Canton de Long-vinh-thuong. — 9 villages. — 10.852 habitants. — 19 km. de Bienhoa.

On y fabrique des tuiles et des briques.

Villages de An-hoa, Long-binh ; Phuoc-tan (1.485 h.), Long-hung (1.175 h.), Tam-an (2.291 h.), Tam-phuoc (1.428 h.), Thiet-tuong Truong-tho An-loi.

An-hoa : Marché de Bengo. Ecole cantonale (1.737 h.).

Long-binh : Briqueterie et poterie.

Canton de Thanh-tuy-thuong. — 15 villages. — 16.250 habitants. — 36 km. de Bienhoa.

Village de Au-lam*, Phuoc-tien* (2.853 h.) Long-thuan (1.092 h.), Phuoc-loc (1.472 h.), Long-thanh, Phuoc-thai*, Tam-thien, Tap-phuoc*, Tuy-long (2.033 h.), Phuoc-nguyen*, Phuoc-kien*, Phuoc-tho (1.518 h.) My-khoan*, Phuoc-lai (chrétienté) 28 km. de Bienhoa par la route. Résidence du chef de canton ; ancien fort ; centre réputé pour le commerce de bois (1.324 h.) Village Bertin de la Souchère. Phuoc-Long (1.663 h.).

Phuoc-long : Ecole cantonale.

Dong-mon (à 5 km. de Long-thanh) : Marché important de Phuoc-tien, sur le rach du même nom.

Bay-ky : Marché important.

Canton de Thanh-tuy-ha. — 11 villages. —18.169 habitants. — 40 km. de Bienhoa.

Villages de An-phu*, Long-hieu* (1.346 h.), Luong-thien (1.889 h.), Phu-my, Phuoc-an* (2.837 h.), Phuoc-khanh (1.903 h.), Phuoc-luong (1.765 h.), Phuoc-thanh*, Phuoc-ly* (1.588 h.) (important marché, école des Missions, église); Tan-tuong* (1.591 h.) My-hoi.

My-hoi (chrétienté et école catholique) (1.927 h.) près de Phumy.

Phuoc-thanh : École cantonale (1.544 h.)

Phuoc-lai : Village important; Phuoc-long: Marché : Phuoc-ty: Marché, Douanes.

Canton de Binh-lam-thuong. — Annamites et Moïs. — 8 villages. — 3.846 habitants. — 80 km. de Bienhoa.

Villages de An-loc*, Binh-loc*, Hung-loc*, Giaray*, Phu-loc*, Tan-lap*, Tan-Phong*, Xuan-loc*.

CANTON MOIS

Canton de An-vieng. — 6 villages. — 1,482 habitants. — 85 km. de Bienhoa.

Villages de Cam-ngôn, Lang-minh, Cam-duong, Cam-my, Thai-huong, Cam-tiem.

Canton de Binh-tuy. — 7 villages. — 1.715 habitants. 90 km. de Bienhoa.

Villages de Cao-cang, Dinh-quan, Gia-canh, Ly-lich, Thuan-tung, Vinh-an, Tut-trung.

Canton de Phuoc-thanh. — 10 villages. — 4.753 habitants. — 80 km. de Bienhoa.

Villages de Bao-ham, Dong-thanh, Gia-an, Gia-cap, Tra-tan, Tho-vuc, Vo-dat, Vo-dinh, Vo-dong, Vo-quan.

Canton de Tap-phuoc. — 7 villages. — 1.859 habitants. — 80 km. de Bienhoa.

Villages de Bao-chanh, Bao-dinh, Bao-my, Thoi-giao, Tich-thien, Bao-liet, Long-tai.

Canton de Thuan-loi. — 6 villages. — 1.138 habitants. — 80 km. de Bienhoa.

Villages de Ran-vang, Trung-lam, Gia-tru, Phu-quan, Phu-tron, Phu-xuan.

Bienhoa. — Un kiosque
(Carrefour des routes du Cap et de Saigon)

Canton de Binh-cach. — (Cambodgiens). — 8 villages. 1.163 habitants. — 100 km. de Bienhoa.

Villages de An-binh, An-trang, Chon-thanh, Dièm-quan, Thanh-son, Thanh-cong, Tu-ton, Cam-so.

Canton de Tan-thuan. — 13 villages. — 329 habitants (?) (mais ce chiffre est au-dessous de la réalité, la population de la plupart des villages étant inconnue). 100 km. de Bienhoa.

Villages de Phu-têt, Phu-cac, Phum-ba, Tat-rach, Phu-viep, Phu-mum, Phu-tuan, Phu-dôn, Tac-gia, Phu-tuc, Phu-mot, Phu-ra, Phu-mui.

Le conton Stieng de *Binh-Son* sera organisé administrativement plus tard. Il s'étend sur la region actuellement insoumise. Quelques villages ou soks sont soumis (Binh-kieu Thanh-xuan).

La province de Bienhoa possède 12 marchés importants, qui sont les suivants :

Canton de	Chanh-my-ha :	marché de	Cay-gia (village de My-loc)
—	Chanh-my-trung	—	Thu-dong-su (Tan-uyen)
—	Chanh-my-trung	—	Don-van (Tan-ba)
—	Chanh-my-trung	—	Cay-me (Binh-chanh-dong)
—	Chanh-my-thuong	—	Cho-don (Tan-ban)
—	Phuoc-vinh-ha	—	Ben-ca (Binh-thao)
—	Phuoc-vinh-thuong	—	Cho-dinh Binh-truoc)
—	Long-vinh-thuong	—	Bengo (An-hoa)
—	Thanh-tuy-thuong	—	Dong-mon (Phuoc-thien)
—	Thanh-tuy-thuong	—	Cho-duong (Phuoc-kien)
—	Thanh-tuy-thuong	—	Cho-moi (Phuoc-thien)
—	Thanh-tuy-thuong	—	Ba-ky (Phuoc-long)

N. B. — : Le chiffre de la population donné pour les cantons moïs est des plus approximatifs et en général au-dessous de la réalité.

II. — Organisation administrative

La province de Bienhoa est placée sous la direction d'un Administrateur qui réside au chef-lieu de Binh-truoc. Il a sous ses ordres un Administrateur-adjoint, remplissant les fonctions de comptable de la province. Le personnel de l'Inspection comprend, en outre, un certain nombre de fonctionnaires indigènes (Tri-huyen et commis) et de secrétaires-interprètes des cadres local et régional.

A la tête de chacun des dix cantons annamites se trouve un chef de canton élu, fréquemment aussi un sous-chef de canton dont les attributions sont les mêmes. Elles consistent dans l'administration générale du canton, la perception des impôts, le maintien de l'ordre et de la sécurité, la surveillance des communes. Ces fonctionnaires sont les intermédiaires obligatoires entre la commune et l'autorité provinciale du chef-lieu. Les six cantons moïs et le canton cambodgien ont seulement à leur tête un chef de canton et parfois un ban-bien.

La commune, administrée par un Conseil de notables, a la même organisation que dans toutes les provinces de la Cochinchine. Les villages moïs ont reçu une organisation analogue à celle des communes annamites, mais leur Conseil des notables est souvent réduit à un petit nombre de membres.

Le Conseil provincial comprend dix membres, à raison d'un par canton. A noter que les cantons moïs n'y sont pas représentés. Chargé d'émettre des vœux, il a demandé, entre autres choses intéressantes, le développement des routes, l'établissement du cadastre, la diffusion plus grande de l'enseignement.

La province comprend, en outre, pour l'administration des pays moïs, deux circonscriptions particulières : la délégation

Le Bungalow de Bienhoa

de Nui Chua-chan pour les régions Est et Sud, le poste administratif d'An-binh pour celles du Nord et du Nord-Est. Ces postes administratifs ont succédé aux anciennes délégations indigènes de *Chon-thanh*, à une trentaine de km. au Nord d'An-binh, aujourd'hui abandonnées et de *Long-thanh* dans le canton de Thanh-tuy-thuong ; marché assez important sur la route de Saigon au Cap.

La Délégation de Nui Chua-chan est gérée par un fonctionnaire européen qui a la direction administrative et judiciaire de cinq cantons moïs comprenant une trentaine de villages disséminés dans un rayon de 60 km. environ autour de la Délégation. Celle-ci prend de plus en plus d'importance, en raison du développement économique de cette région, dû à la création de nouvelles plantations d'hévéas en terre rouge et à l'emploi des Moïs pour le défrichement et le dessouchage, cette main-d'œuvre étant supérieure à toute autre pour ce genre de travaux. Le centre de la Délégation sera prochainement transféré à Vo-dat, à 28 km. du poste actuel et à 21 km.300 de la gare de Giaray. Là, de confortables bâtiments ont été construits au sommet de la colline dite Nui Con-Soh, lieu d'un choix heureux, parce que bien ventilé et hors de l'atteinte des vecteurs palustres, offrant donc un maximum de garanties pour la santé du personnel, très éprouvé par le paludisme dans la région de Chua-chan-Giaray.

Le transfert de la Délégation à Vo-dat marquera une étape de la pénétration en pays moïs et de son organisation administrative. Cette œuvre sera d'ailleurs facilitée par la continuation des travaux de la route locale n° 3, actuellement terminée jusqu'au nouveau poste de Vo-dat et qui doit rejoindre à Toulane, sur la rive gauche du Donaï, une deuxième route locale (n° 13), en projet, traversant dans toute sa largeur la région forestière au Nord du fleuve.

Le poste de police de An-binh, érigé en une sorte de circonscription administrative moï, est dirigé par un gradé de la Milice indigène connaissant à fond le pays et ses habitants. Ce poste sera appelé également à jouer un rôle important au moment où l'œuvre de soumission déjà activement entreprise au Nord de An-binh, aura permis de recenser et d'organiser les tribus de cette vaste région limitrophe du Cambodge et de l'Annam. Il sera sans doute à ce moment transformé en Délégation européenne, le poste de Milice actuel, lui, étant appelé à se déplacer par étapes successives, en se portant chaque fois à la limite de la zone restant à soumettre.

Comme à Vodat, cette pénétration aura lieu au fur et à mesure de l'extension de la route (locale n° 1), actuellement empierrée ou achevée en terrassement jusqu'au km. 62 de la Nui Bara et qui doit rejoindre à Budop la route coloniale n° 14, vers le Plateau Central, Dalat, Banméthuot, Hué.

Le chef-lieu de Binh-truoc est le siège d'une *Justice de paix à compétence étendue* dont le ressort s'étend sur les deux provinces de Bienhoa et Thudaumot. Elle comprend, outre le juge-président, un juge suppléant faisant fonctions de Procureur de la République, un greffier et deux commis-greffiers.

La *police* est assurée dans le centre urbain de Binh-truoc par un brigadier de gendarmerie faisant fonctions de Commissaire de Police, un gendarme, en même temps instructeur de la Milice, et par des agents de police indigènes. En outre, un détachement de Milice indigène, d'un effectif de 115 hommes, dont la portion centrale est casernée au chef-lieu, maintient la sécurité sur tout le territoire de la province et alimente les cinq postes de police permanents installés à Phuoc-ly, Long-thanh, Xuan-loc, Giaray et An-binh.

L'Assistance médicale est confiée à un médecin français, aidé d'un médecin auxiliaire indigène. Au chef-lieu sont intallées une clinique-infirmerie et une maternité, pourvues d'un

Bienhoa. — Scènes de la rue (Place et fontaine)

personnel d'infirmiers et de sages-femmes. Un infirmier indigène est détaché au poste de Chua-chan. Une infirmerie sera également créée à An-binh et une autre est projetée à Long-thanh.

A quelques kilomètres de Binh-truoc, sur un vaste plateau, a été créé un asile d'aliénés, commun à toute l'Indochine, jusqu'à l'époque prochaine où un établissement similaire fonctionnera au Tonkin. Son organisation tout à fait moderne comprend des pavillons disséminés dans un parc spacieux et des installations variées permettent à l'asile une existence entièrement autonome.

Il est dirigé par un médecin détaché du Service de Santé des Troupes Coloniales assisté d'un médecin auxiliaire indigène. Un personnel nombreux d'infirmiers européens et indigènes, gardiens et coolies, assure le fonctionnement de cet important établissement.

Une Commission d'hygiène fonctionne, qui se préoccupe de la protection de la santé publique au chef-lieu et dans les centres importants de la province.

Au cours de ses récentes réunions, la Commission s'est spécialement intéressée aux questions concernant la lutte contre les épidémies, l'assainissement des agglomérations, etc, etc...

Pour la ville de Bienhoa, elle a renouvelé un vœu, émis depuis longtemps d'ailleurs, relatif à l'alimentation en eau potable du chef-lieu. Les quelques puits dont dispose la ville suffisent à peine pendant la saison sèche. La captation d'une source suffisamment importante et l'édification d'un château d'eau s'imposent de plus en plus. Un projet a été dressé par les services techniques; mais sa réalisation est, pour l'instant, ajournée en raison des difficultés d'ordre budgétaire.

L'Enseignement franco-annamite est donné à l'école primaire de plein exercice du chef-lieu, très importante (15 instituteurs — 560 élèves), dans 11 écoles cantonales (y compris les écoles moïs de Chua-chau et An-binh) et 16 écoles communales.

11 Ecoles cantonales. — Binh-truoc (chef-lieu), Tan-uyen, Ben-ca, Ben-go Cay-dao, Cho-don, My-loc, Long-thanh, Phuoc-long, Tan-ba, An-binh, Chua-chan.

Nombre d'élèves : 979 dont 81 filles.

16 Ecoles communales. — Entrenues par les soins des villages, elles comprennent environ 2.000 élèves, dont 179 filles.

Au total le nombre des élèves inscrits est donc d'environ 2.900 auxquels il faut ajouter 250 filles. Mais les absences sont encore nombreuses en raison des fièvres saisonnières et de l'emploi des enfants à la récolte du paddy. L'augmentation considérable de la population scolaire du chef-lieu depuis les 3 ou 4 dernières années, a nécessité la création de nouvelles classes. C'est ainsi que l'école de plein exercice du chef-lieu a dû doubler ses classes et comporte actuellement deux classes du cours supérieur, deux classes du cours moyen, trois classes du cours élémentaire, trois classes du cours préparatoire, trois classes du cours enfantin. Une école moderne, construite au centre important de Tan-uyen, va être prochainement érigée en école de plein exercice pour la région comprenant les cinq cantons annamites septentrionaux (Chanh-my-ha, Phuoc-vinh-ha, Chanh-my-trung, Phuoc-vinh-trung et Chanh-my-thuong).

Pareille mesure est envisagée dans un avenir prochain pour l'école cantonale de Phuoc-thien (Phuoc-long) (région sud : canton de Thanh-tuy-ha, Thanh-tuy-thuong, Long-vinh-thuong, Binh-lam-thuong). La plupart de ces écoles sont mixtes. Une école de filles cependant a été créée à Tan-uyen (160 élèves). Celle du chef-lieu reste toujours à organiser, en raison de la pénurie actuelle du personnel enseignant féminin.

Le Directeur des Ecoles de la province a sous ses ordres 59 instituteurs ou moniteurs et une institutrice, appartenant au cadre local ou régional.

Bienhoa.— Hydravion et Vedette automobile près de la rive du Donaï à Binh-Truoc.

Les améliorations à apporter sont, en premier lieu, l'installation d'une cantine scolaire au chef-lieu où de nombreux enfants des villages voisins viennent suivre le cours de l'école provinciale, et de bains-douches afin de développer parmi les enfants annamites l'habitude de l'eau et du savon. C'est le programme de l'année 1924.

Les exercices de culture physique ont lieu à l'école provinciale sous la direction d'instructeurs militaires fournis par la Compagnie de Tirailleurs.

Les cours d'adultes ont lieu régulièrement à l'Ecole du chef-lieu.

Une œuvre particulièrement intéressante est celle de l'enseignement en région moï. Un notable effort a été déjà fait dans ce but. A l'heure actuelle, deux écoles fonctionnent au poste administratif de Chua-chan et An-binh, fréquentées par une centaine d'élèves. Des bourses pour l'école du chef-lieu ont été attribuées à quelques-uns des meilleurs sujets.

Les écoles de la Mission, au nombre de six, sont entretenues et dirigées par les missionnaires. Elles se trouvent à Binh-truoc (chef-lieu), Tan-trieu-dong, Phuoc-vinh (hameau de Bo-nua) Long-binh (hameau de Long-diem), My-hoi, Phuoc-thanh. Nombre d'élèves : 250 garçons, 80 filles.

Des écoles libres de caractères chinois et de quoc-ngu se rencontrent dans la pluart des villages un peu importants. Elles sont tenues par des Annamites lettrés. Nombre d'élèves : environ 500.

L'enseignement français, pour les jeunes enfants des Européens du chef-lieu, assuré ordinairement dans les provinces par une institutrice française, reste toujours à créer à Bienhoa, faute de personnel disponible. Il est à espérer qu'il sera bientôt remédié à cette situation, particulièrement regrettable dans un poste où l'élément européen tant civil que militaire est très important.

Une *École d'art indigène*, créée en 1903, fonctionne au chef-lieu. Elle a pour but la formation ou le perfectionnement des ouvriers et contremaîtres annamites. Elle comprend actuellement deux sections (fonderie, céramique). La section ébénisterie a été transportée à l'Ecole professionnelle de Thudaumot. Chaque section est composée par un ou deux contremaîtres indigènes et une quinzaine d'élèves boursiers de la province, auxquels s'ajoutent les élèves libres.

A.—Personnel.	1 Professeur technique fondeur d'art. 1 Professeur technique céramiste. 2 Contremaîtres fondeurs indigènes. 1 Contremaître ciseleur indigène. 1 Contremaître potier (modeleur et tourneur). 1 Contremaître potier (émailleur et cuiseur) 1 Contremaître mouleur.

B.— Effectif des élèves en 1923 (décembre). .	Fondeur...	21
	Menuisiers..	7
	Potiers..	12
	Total	40

L'école est placée sous le contrôle direct de l'Administrateur, chef de la province et sous la direction technique de l'Inspecteur des Ecoles d'Art de l'Indochine. Un professeur européen est à la tête de chaque section.

Section Fonderie. — On y enseigne la pratique de la fonte à cire perdue (avec emploi de moule en gélatine, donnant de bien meilleurs résultats) ainsi que la ciselure sur cuivre patiné.

Salle d'exposition à l'École d'art de Bienhoa

Les objets fabriqués dans cette section sont de facture artistique nettement locale, très appréciés par de nombreux amateurs.

La *Section céramique* se spécialise dans le modelage et la cuisson, au four chinois, d'articles émaillés également dans le goût annamite. La matière employée est le kaolin de Tanthoi (Thudaumot) et de Vinh-cuu (Bienhoa).

La direction de cette école s'est efforcée que les professeurs, tout en améliorant la production par une technique meilleure et rationnelle, ne changent point les programmes d'études artistiques et soient respectueux des traditions du style local. Ceux-ci ont donc pour programme essentiel l'étude approfondie des motifs décoratifs indigènes.

Cette école jouit déjà d'une réputation méritée, bien que sa production soit restreinte, étant organisée non pour la vente de nombreux articles, mais pour l'éducation technique d'ouvriers d'art indigènes. C'est également la raison pour laquelle a été écarté de cette école l'emploi d'un matériel de production trop dispendieux et trop modernisé dont les élèves ne pourraient se servir qu'au sein de l'école et qui s'écarterait du programme de l'enseignement, tel que l'ont voulu les dirigeants, enseignement qui, avant tout, a pour but la préparation des artisans cochinchinois à l'exercice des petits métiers à domicile.

Les efforts des professeurs tendent surtout à familiariser les élèves avec la pratique du dessin linéaire ou d'ornement, du modelage en terre ou cire, de la géométrie et de la stéréotomie, toutes connaissances directement utiles à la profession qu'ils exercent à l'atelier et susceptibles d'améliorer leurs ouvrages aussi bien comme conception artistique que comme fini d'exécution et intensité de rendement.

On peut envisager l'extension de cette école et, dans ce but, il importerait que toutes les provinces de la Cochinchine soient appelées à y envoyer des élèves boursiers dans des conditions analogues à celles de l'Ecole de dessin de Giadinh. En procédant de la sorte, l'école de Bienhoa formerait des ouvriers d'art pour toute la Cochinchine. Un appel fait aux Administrateurs dans ce but n'est pas resté vain et, premier résultat à enregistrer, une vingtaine d'élèves sont inscrits pour la prochaine rentrée des classes.

Le succès remporté par les collections exposées à l'Exposition de Marseille de 1922, par l'Ecole d'art de Bienhoa, ainsi que par leurs deux fonderies de la province dirigées par deux élèves diplômés de cet établissement à été souligné par les récompenses insignes décernées par le jury. D'autre part, l'école participe avec succès à la foire annuelle de Hanoi où ses modèles attirent l'attention des artistes, dont l'intérêt se manifeste par les nombreuses commandes faites ensuite. A l'heure actuelle, l'Ecole de Bienhoa apporte la plus grande activité à la préparation de la participation de la Colonie à l'Exposition des Arts décoratifs de Paris en 1925.

Une *Ecole professionnelle de filles indigènes* dirigée par une institutrice européenne, fonctionne également au chef-lieu. On y donne des cours d'enseignement ménager, de lingerie et de broderie. Effectif des élèves en 1923 (décembre) : 66.

Le *Service forestier* de la province de Bienhoa, particulièrement important dans cette région où la forêt couvre une superficie très étendue, est placé sous la direction d'un Garde général, chef de cantonnement. Le cantonnement comprend cinq divisions (Bienhoa, Tan-uyen, Trang-bom, Giaray, Phuoc-thien) dirigées par des agents européens, et 22 garderies ou triages. Pour renforcer l'action du Service forestier, de nouvelles divisions sont en projet : une à Ben-nom sur le Donaï, une autre dans la région Sud (Phuoc-an et Phuoc-thai), enfin une troisième au Nord, sur le Song Bé, ou au poste de An-binh.

Par ordre d'urgence, les nouvelles divisions à créer seraient : 1° Celle de Ben-nom sur le Donaï, dont le rayon d'action

Quelques types des céramiques émaillées fabriquées à l'École d'art de Bienhoa

s'étendrait sur les réserves n° 9 de Chanh-trung, n° 10 de Ly-lich, n° 11 de Trian et sur la réserve projetée de Tan-hoa ; le chef de cette division aurait mission d'étudier la création de nouvelles réserves sur la rive droite du Song Bé, l'aménagement des réserves existantes en vue de leur mise en exploitation ; il assurerait, en outre, la vérification des bois d'œuvre descendant du Haut Donaï et empruntant la voie de la Société la B. I. F.

2° La deuxième division pourrait avoir son siège à Gia-huynh ou Vo-dat et son action s'étendrait sur la réserve en création du Song Lagna (21.000 Ha) et sur celle de Gia-huynh dont le retour à la Cochinchine, après le règlement de la contestation de frontière Annam-Cochinchine dans cette région, est à peu près certain.

Il serait nécessaire de prévoir d'autres divisions, l'une au Sud vers Phuoc-Thien, Phuoc-an ; l'autre au Nord-Ouest vers An-binh ; mais un tel programme ne peut être réalisé que s'il est réparti sur plusieurs exercices, les crédits budgétaires ne permettant pas d'engager de trop grosses dépenses. Nous ferons ressortir dans la partie économique de cette monographie l'œuvre importante accomplie dans la province par ce Service, notamment par la création, l'aménagement et l'entretien de réserves forestières, en même temps que nous énumérerons les richesses du domaine forestier de Bienhoa et les immenses ressources qui y sont ouvertes à l'exploitation.

Le *Service des Travaux publics* a une tâche particulièrement lourde à assurer dans la province, en raison du développement du réseau routier (près de 600 km) lequel sera étudié en détail dans le chapitre consacré aux voies de communication. Ce service est dirigé par un Ingénieur, Chef de Subdivision, assisté d'agents techniques européens et indigènes, de surveillants, de chefs de chantiers et de tout un personnel permanent ou temporaire de coolies et cantonniers. Il a, en outre, dans ses attributions, la construction et l'entretien des bâtiments des Services local, régional et communaux.

Le *Service des Douanes et Régies* est assuré par un Receveur subordonné résidant au chef-lieu ainsi que par plusieurs brigadiers et sous-brigadiers dont l'un est chargé de contrôler la distillerie d'alcool installée à Binh-truc. Comme dans toutes les provinces, ce Service assure la perception des droits sur la vente des alcools indigènes, de l'opium, du tabac, du sel et autres recettes accessoires. Une recette auxiliaire existe également au village de Phuoc-thien dans le Sud de la province.

Le *Service de la Trésorerie* est représenté par un Commis préposé-payeur qui perçoit le montant des impôts et règle les dépenses des divers budgets.

Le *Service des Postes et Télégraphes* comprend : 1° le Bureau du Chef-lieu, géré par un Commis-receveur assisté de télégraphistes stagiaires, de 2 facteurs postiers et du télégraphe et de deux surveillants de lignes ; 2° en outre, des bureaux tenus par des télégraphistes indigènes se trouvent dans l'intérieur de la province à Tan-uyen, Phuoc-hoa, Long-thanh, Xuan-loc et Chua-chan. Un 7e bureau sera ouvert prochainement au nouveau poste de Vo-dat.

VOIES DE COMMUNICATION

Routes

A l'inverse des provinces de l'Ouest où les cours d'eau, fleuves, rivières, rachs et canaux abondent et ne laissent aux moyens de communication terrestre qu'une importance secondaire, la province de Bienhoa, privée, sauf sur sa limite occidentale du Donaï, de toute voie navigable, a dû se préoccuper d'abord de développer son réseau routier. Il a fallu gagner sur la forêt, la brousse ou le marais, les voies indispensables à la vie économique et la pénétration du pays. Les résultats déjà obtenus sont

Bienhoa. — Le 1er pont métallique sur le Donaï

très appréciables et font honneur aux services techniques et aux chefs qui se sont succédés à la tête de la province. Près de 600 kilomètres de routes, de toutes catégories, sillonnent la province de l'Est à l'Ouest et à peu près du Sud au Nord. En voici, dans le tableau ci-contre, la liste et le classement, avec la longueur de chacune d'elles. (1)

(1) Voir également la carte économique ci-jointe.

Tableau des routes dans la province de Bienhoa

DÉSIGNATION DES ROUTES	LONGUEUR EN KILOMÈTRES			
	TOTALE	EMPIERRÉE	EN TERRASSEMENT	PROJETÉE
	Km.	Km.		
Route Coloniale N° 1. — De la porte de Chine à la frontière du Siam par Hanoi-Hué et Phnompenh..................	108.645 de Vinh-phuoc au km.108.645	108.645		
Route Coloniale N° 15. — De Saigon au Cap Saint-Jacques....	42.989 (Depuis Bienhoa)	42.989		
Route Locale N° 1. — De Bienhoa à Budop par Tan-uyen, An-binh et Nui Bara...........	(Il existe une piste automobilable en saison sèche jusqu'à la Nui Bara) 137.700	67.500	8.700	61.500
Route Locale N° 2. — De Saigon à Baria par Xuanloc.....	22.970	22.970		
Route Locale N° 3. — De Giaray à Toulane.....................	Jusqu'à la limite de la prov. de Baria 60.000 (environ)	8.000	23.000	29.000
Route Locale N° 13. — De Chon-thanh à Toulane..........	70.000 (environ)			70.000
Route Provinciale N° 1. — De Bau-bang à Phuoc-hoa..........	6.500	6.500		
Route Provinciale N° 8. — Du Vaïco à Trian (rive nord) par Cu-chi, Thudaumot et Tan-uyen..	33.540 (Depuis la limite de la province de Thudaumot	16.800	1.800	15.040
Route Provinciale N° 11. — De Thudaumot à Bienhoa..........	5.430 (Depuis la limite de la province de Thudaumot	5.430		
Route Provinciale N° 12. — De Bienhoa à Vodat par Trian et Bennom.......................	81.000	44.000	3.000	34.000
Route Provinciale N° 13. — De Dau-giay à Ben-nom par Gian-han.	16.000	4.140		11.860
Route Provinciale N° 17. — De Saigon à Daugiay par Long-thanh..........................	57.100 (Depuis le Donai)	33.650	4.000	19.450
Route Provinciale N° 19. — De Phuoc-ly à Phuoc-thien.........	32.300	32.300		
Route Provinciale N° 34. — De Phuoc-tan à Song-may..........	10.500	3.200		7.300

DÉSIGNATION DES ROUTES	LONGUEUR EN KILOMÈTRES			
	TOTALE	EMPIERRÉE	EN TERRASSEMENT	PROJETÉE
	Km.	Km.		
Route Communale No 1. — De Phuoc-long à la route coloniale no 15	4.600	4.600		
Route Communale No 2. — De Nhi-hoa à la route coloniale no 15	24.800	16.000	8.800	
Route Communale No 3. — De Tan-vang à Chodon	2.700	2.700		
Route Communale No 4. — De Tanan à Tan-thieu	3.650	3.650		
Route Communale No 5. — De la route locale no 1 au marché de Tan-ba	0.280	0.280		
Route Communale No 6. — De Cay-dao à Tan-tich	3.000	3.000		
Route Communale No 7. — De Buu-long, Ben-ca, Binh-ninh	9.800	9.800		
Route Communale No 8. — De Logach	3.700	3.700		
Route Communale No 9. — De Binh-y à Tan-trieu-tay	5.000	5.000		
Route Communale No 10. — De Ben-go à Long-diem	2.500	2.500		
Route Communale No 11. — De Phuoc-cang	2.950	2.950		
Route Communale No 12. — De Ba-ky à Tap-phuoc	2.500	2.500		
Route Communale No 13. — Avenue de la gare de Bienhoa	0.900	0.900		
Route Communale No 14. — De Nhi-hoa à Binh-da	2.430	2.430		
Route Communale No 15. — Sentier du bac Longson	2.000	2.000		
Route Communale No 16. — Rue du Chef-lieu	3.362	3.362		
Route Communale No 17. — De la route coloniale no 1 à la gare de Honay	0.910	0.910		
Route Communale No 18. — De la route coloniale 1 à la gare de Song-may	1.270	1.270		
Route Communale No 19. — De la route coloniale 1 à la gare de Long-lac	0.680	0.680		
Route Communale No 20. — De la route coloniale 1 à la gare de Bau-ca	0.991		0.991	
Route Communale No 21. — De la route coloniale 1 à la gare d'An-loc	2.306	2.306		
Route Communale No 22. — De la route provinciale no 12 à Tan-phong	1.266		1.266	
Route Communale No 23. — De la route communale no 7 à Thoi-son	1.650		1.650	

DÉSIGNATION DES ROUTES	LONGUEUR EN KILOMÈTRES			
	TOTALE	EMPIERRÉE	EN TERRASSEMENT	PROJETÉE
	Km.	Km.	Km.	
Route Communale No 24. — Du débarcadère de Binhthoi à Thanh-phuoc..........................	1.950		1.950	
Route Communale No 25. — Du débarcadère d'An-chu au village de Binh-hung..................	6.631		6.631	
Route Communale No 26. — Du débarcadère d'An-chu à celui de Binh-hung....................	3.956		3.956	
Route Communale No 27. — Du débarcadère de Tan-uyen à celui de Binh-hung..................	0.700		0.700	
Route Communale No 28. — De la route locale no 1 au marché de Tan-uyen....................	0.360	0.360		
Route Communale No 29. — De la route locale no 1 au marché de Tan-ba........................	0.500	0.500		
Route Communale No 30. — De la route de Tan-son au débarcadère de Tan-luong.............	0.350		0.350	
Route Communale No 31. — Du débarcadère de Vinh-phuoc au Utlap..........................	0.770		0.770	
Route Communale No 32. — Du marché de Tan-uyen...........	0.320	0.320		
Route Communale No 33. — De la route communale no 7 (marché de Giosa) au débarcadère de Long-thanh....................	2.398		2.398	
Route Communale No 34. — De la route communale no 7 (marché de Benca) au débarcadère Mieu-giong..........................	1.990		1.990	
Route Communale No 35. — Route du marché de Benca.....	0.086	0.086		
Route Communale No 36. — De la route de Tan-uyen à Phu-trach	0.180		0.180	
Route Communale No 37. — De la route communale no 7 au débarcadère de Ba-hoc..........	0.418		0.418	
Route Communale No 38. — De la route provinciale no 17 à Phu-loc...........................	0.820		0.820	
Route Communale No 39. — De la route coloniale no 15 à An-Lam	3.260		3.260	
Route Communale No 40. — De la route coloniale no 15 à Long-thuan	1.270		1.270	
Route Communale No 41. — De la route provinciale no 19 au marché de Phuoc-long.............	0.323		0.323	

DÉSIGNATION DES ROUTES	LONGUEUR EN KILOMÈTRES			
	TOTALE	EMPIERRÉE	EN TERRASSEMENT	PROJETÉE
	Km.	Km.	Km.	
Route Communale No 42. — Route de Phuoc-long	0.070	0.070		
Route Communale No 43. — De la route coloniale no 15 à Phuoc-Nguyen	0.240		0.240	
Route Communale No 44. — De la route provinciale no 17 au débarcadère de Caygia	0.430		0.430	
Route Communale No 45. — Route du marché de Phuoc-thien	0.228		0.228	
Route Communale No 46. — De la route provinciale no 19 au quai de Cay-kho	0.450		0.450	
Route Communale No 47. — De la route provinciale no 17 (Cai-vang) au marché de Ba-ky	2.030		2.030	
Route Communale No 48. — De la route de Phuoc-long communale no 42 au marché de Tuy-long	0.720		0.720	
Route Communale No 49. — De la route du bac de An-hoa au débarcadère de Longson	1.368		1.368	
Route Communale No 50. — De la route de Taman à Bengo communale no 2 au débarcadère de Long-tuy	0.481		0.481	
Route Communale No 51. — De la route provinciale no 11 (Tan-lai) au débarcadère de Xom-la	0.793		0.793	
Route Communale No 52. — De la route coloniale no 15 au débarcadère de Binhan	1.186		1.186	
Route Communale No 53. — De la route provinciale no 17 à Phuoc-khanh et au fleuve par Phuoc-tuong et Luong-thien et embranchement	10.000		10.000	
Route Communale No 54. — De la route communale 53 (Luong-thieu) à la route provinciale 19 (Phuoc-thanh)	6.000		6.000	
Route Communale No 55. — De la route provinciale 19 (Phuoc-ly) à Giong-ong-to	1.500		1.500	
Route Communale No 56. — De la route provinciale 12 (Tan-phu) au bac de Binh-ninh	7.000	7.000		
Route Communale de Bao-chanh	6.500	6.500		
Route Communale de Giaray à Chua-chan	0.400	0.400		
Route Communale de Tan-phuoc-dong	0.453	0.453		

Les plus importantes sont la *Route coloniale n° 1* (ancienne route mandarine, de la frontière du Tonkin à la frontière du Siam), qui parcourt entièrement la province de l'Est à l'Ouest. Elle entre dans la province au 20e km., passe devant le Nui Chau-Thoi, franchit le Donaï en empruntant l'extrémité Nord de l'Ile de Culao-Pho, dessert le chef-lieu et de là se dirige droit sur l'Annam, parallèlement à la voie ferrée qu'elle traverse à Xuan-loc peu avant sa bifurcation avec la route locale n° 2 sur Baria. Elle pénètre dans la forêt peu après Bienhoa et ne la quitte plus jusqu'à la frontière d'Annam. Elle est parfaitement utilisable tout le long du parcours et les quelques ponts de bois qui se

La Voie ferrée de Khanh-hoa près de Bao-chanh
(Au fond le Nui Chua-chan)

trouvent sur son passage viennent d'être tous remplacés par des ponts en béton armé.

La *Route locale n° 2*, de Xuan-loc à Baria, 2e tronçon de l'ancienne Route Chesne, construite par l'Administrateur de ce nom, et qui, autrefois, constituait la seule route de pénétration dans la région moï. Cette route très pittoresque franchit le plateau de Camtinh et atteint la limite de Baria au 23e kilomètre.

Vient ensuite la *Route coloniale n° 15*, de Bienhoa au Cap par Long-thanh et Baria. Elle traverse, entre Phuoc-Thon et Phuoc-thai, une région de plantations et de forêts des plus intéressantes et des plus variées comme aspect.

A signaler encore la *Route locale n° 1* qui rejoindra Bienhoa à Budop et constitue dès maintenant jusqu'au Nui Bara (Point kilométrique 120) une importante voie de pénétration dans la région moï du Nord-Ouest de la province. Le même rôle sera joué au Nord-Est par la *Route locale n° 3*, actuellement terminée jusqu'à Vodat. Ces deux dernières routes seront reliées l'une à l'autre par la future *Route locale n° 13* encore à l'état de projet, qui, de l'ancien huyen de Chon-thanh au village de Toulane, traversera toute la vaste plaine du Nord du Donaï encore inexploitée et presque inconnue.

(Photo Nadal — Saigon)

La gare de Bienhoa

De là, remontant les vallée de la Da-Oué et de son affluent la Da Mbré, elle doit gagner Djiring et le Lang bian, par le col de Blao, seule voie d'accès vers les plateaux de l'Est. Une autre route vers Pott se détachera au Sud dans la Direction de Phanthiet.

Les autres voies en cours d'exécution ou à l'état de projet sont le prolongement de le *Route provinciale n° 12* (route de Tri-an) au delà de Cay-gao, point terminus actuel, jusqu'à Vodat, en suivant, par Ben-nom, le tracé de l'ancienne piste annamite qui, de ce dernier point, se dirige sur Tanlinh et Phanthiet. A Long-thanh s'embranche sur la route coloniale n° 1, la *Route provinciale n° 17* qui, partant de Nhàbè, dessert la riche région forestière de Binh-lam-thuong et An-vieng. Cette route est actuellement empierrée jusqu'au km. 10. Elle rejoint à Daugiay la route coloniale N° 1 et sera continuée plus au Sud jusqu'à Ben-nom sur le Donaï par la *Route provinciale n° 13*. Sur la rive droite de ce fleuve, la *Route provinciale n° 8* qui, au delà de My-loc et de Thuong-lang, doit franchir le Song Bé près de son confluent avec le Donaï et servira de voie de pénétration dans l'immense domaine forestier de Thuan-loi. De nombreux chemins forestiers ont été créés également, rendant les plus grands services aux exploitants de bois et à la population des villages forestiers.

Tel qu'il est actuellement, ce réseau demande pour son entretien des travaux constants et coûteux, constituant, en ce qui concerne les routes provinciales et communales, une lourde charge pour le budget régional et les budgets d'intérêt commun, étant donné leurs ressources limitées. Autant qu'il est possible, l'ouverture de nouvelles sections de routes se poursuit d'année en année. L'époque est prochaine où la province pourra être parcourue du Nord au Sud et de l'Est à l'Ouest, en toute saison, ouvrant au commerce, à l'industrie et aussi au tourisme ses régions les plus intéressantes et les plus curieuses.

Les *ouvrages d'art* sont nombreux, mais de peu d'importance en général. De nombreux ponts franchissent les rachs ou suoi ; leur longueur n'excède pas 30 à 50 mètres en général. De plus en plus les ponts en bois et passerelles métalliques Eiffel sont remplacés par des ponts en béton armé, résistant aux crues les plus impétueuses. A signaler les deux grands ponts métalliques communs à la voie ferrée et à la route coloniale n° 1, franchissant le Donaï à la hauteur de Culao-Pho, ainsi que la passerelle Eiffel longue de 130 m. jetée au dessus du Song Bé, dans la partie la plus encaissée et la plus pittoresque de son cours, un peu au dessus de Phuoc-hoa,

Chemins de fer

La province de Bienhoa est desservie de l'Ouest à l'Est par la voie ferrée de Saigon-Nhatrang, dont le parcours dans la province atteint 87 km. Son tracé, sensiblement parallèle à celui de la route coloniale n° 1 jusqu'à Xuanloc, s'en sépare au point où la route prend la direction Sud-Est. Cette ligne est de la plus grande utilité pour la province qui ne possède qu'une seule voie navigable importante, le Donaï, lequel cesse d'ailleurs d'être utilisable au delà de Tan-uyen. Grâce à elle, l'évacuation des produits de la province et principalement des bois coupés dans la forêt qu'elle traverse sur la majeure partie de son parcours, se fait très aisément. Les grandes exploitations forestières ont même greffé sur cette voie des embranchements particuliers, tels les 30 km construits par la Société la B. I. F. de Trang-bom à Ben-nom sur le Donaï, et qui seront continués au delà, le long du fleuve où les rapides rendent impossibles le flottage ; de même la

La gare de Trang-Bom
(Voie ferrée de Khanh-hoa)

ligne Decauville que construit actuellement la Compagnie Forestière indochinoise près de la frontière d'Annam et qui aboutit à la voie de Khanh-hoa au km. 113.

La gare de Bienhoa est une des plus importantes de la ligne. Elle abrite un dépôt de machines, un atelier secondaire de réparation et une réserve de combustibles. Les autres stations à signaler sont celles de Xuan-loc et de Giaray. De nombreux trains ayant leur point terminus à Bienhoa, relient le chef-lieu à Saigon. Deux trains dans chaque sens, sans compter les services spéciaux, vont par Muong-man à Nhatrang, et desservent quotidiennement la province jusqu'à la frontière d'Annam.

ÉTUDE ÉCONOMIQUE DE LA PROVINCE DE BIENHOA

I. —Généralités sur la mise en valeur actuelle et les possibilités agricoles futures

---

Nous avons déjà noté que la superficie de la province de Bienhoa est évaluée approximativement à 1.120.000 hectares On peut la répartir de la manière suivante (statistique arrêtée au 31 décembre 1923).

A. — 2000 ha. de terrains bâtis, routes, etc, etc...

B. — 6000 ha. de terrains incultivables (sols rocheux, montagnes, collines, etc...)

C. — 70.054 ha. de terrains soumis à l'impôt, c'est-à-dire cultivés par des Européens ou des Annamites. Sur ce chiffre il convient d'observer que 35.000 ha. sont mis entièrement en valeur par les indigènes et 29.639,70 partiellement par les colons européens.

D.— 77.593 ha. de terrains accordés en concession gratuite ou vendus, mais non encore soumis à l'impôt. Il y a lieu d'y ajouter encore les 30.000 ha. de forêts concédés à la Société « la Bienhoa Industrielle et Forestière ».

E. — 23.353 ha. de terrains faisant l'objet de demandes de concession gratuite ou de vente, encore en instance.

F. — 78.607. ha. de réserves forestières.

Donc au total 257.607 ha. de terrains indisponibles. Il reste donc environ 863.000 ha. de terrains domaniaux ouverts à l'exploitation, exception faite de nouvelles réserves forestières, à prévoir, pour une superficie assez importante (le tiers probablement de celle déjà existante). On voit quel immense domaine reste ouvert à la colonisation dans cette province.

Agriculture

La province de Bienhoa offre des ressources très diverses au point de vue agricole, mais celles-ci sont loin, à l'heure actuelle, d'être soumises à une exploitation intensive.

II. — L'agriculture indigène

La superficie cultivée par les indigènes s'élève à 35.000 ha. environ. Elle varie d'une année à l'autre, (comme cela a été le cas en 1922 et 1923), de plusieurs centaines d'hectares. La cause en est due aux inondations qui submergent les rizières de certaines régions basses et font périr le riz sur des zones parfois assez étendues. La majeure partie de ces 35.000 ha. est consacrée aux rizières, la culture ordinaire de l'indigène. Comme toutes les autres cultures indigènes d'ailleurs, les rizières sont encore susceptibles d'un immense développement, car, nous l'avons vu, les terres libres sont loin de faire défaut.

Bienhoa. — Le camp de l'Escadrille n° 2

I. — Cultures alimentaires

I° Le Riz.— Au point de vue rizicole, la province ne se suffit pas à elle-même et se trouve dans l'obligation d'importer une quantité assez importante de riz ; ce sont notamment les cantons de Chanh-my-ha, Chanh-my-trung et Chanh-my-thuong, qui achètent leur riz dans les cantons limitrophes de Thudaumot et de Giadinh.

La culture du riz en 1924 occupe dans la province une superficie d'environ 30.000 ha. Le rendement est estimé, quoique très variable d'une année à l'autre, à une moyenne de 18,000 tonnes. Ces chiffres ne souffrent aucune comparaison avec ceux des riches provinces rizicoles de l'Ouest de la Cochinchine. Ces riz sont en général de qualité inférieure. Cela tient à la nature du sol, qui, étant élevé, sablonneux et ferrugineux, ne convient pas très bien à ce genre de culture. Les rizières les plus belles se trouvent dans les cantons de Phuoc-vinh-thuong, Phuoc-vinh-trung, Chanh-my-hạ, Long-vinh-thuong et Thanh-tuy-ha.

Il y a très peu de rizières de 1re classe dans la province. La plupart appartiennent à la 3e catégorie.

Dans les cantons de Thanh tuy-ha et Long-vinh-thuong, la récolte, toujours très abondante laisse souvent à désirer au point de vue de la qualité. Il faut peut-être attribuer cette infériorité au voisinage de la mer et aux eaux saumâtres du fleuve et des divers cours d'eau qui traversent et inondent fréquemment ce canton.

Le riz récolté par les Moïs, riz de ray ou riz de montagne, est d'excellente qualité et très apprécié des indigènes ; mais sa culture n'est pratiquée que sur une petite échelle et la production suffit à peine au besoin des tribus moïs. Celles-ci se contentent de semer le paddy sans avoir labouré ni bêché leurs terrains. Le sol de leur territoire étant très fertile en général, ils obtiennent toujours de beaux résultats.

Rizières appartenant a des Européens. — Elles n'occupent qu'une superficie très peu importante (1723 ha. en 1923). Elles sont situées dans les cantons de Thanh-tuy-ha et Chanh-my-thuong.

2° *Le Maïs.* — La superficie cultivée est d'environ 16 ha. et le rendement est évalué à 300 kg. par ha. Cette culture n'a jusqu'ici qu'une importance secondaire et la production n'est destinée qu'à la consommation locale. Cette graminée croît dans les terrains secs. Les indigènes s'en servent uniquement comme aliment. Ils le font bouillir et le mangent sans autre préparation. Ils n'en font point de farine. Il y a dans Biênhoà deux espèces de maïs cultivés, le jaune et le blanc. Ce dernier surtout est très estimé ; la culture en est faite plutôt par les Moïs que par les Annamites (région de Chua-chan où elle donne de très bons résultats, mais où elle n'est pratiquée que sur une petite échelle.)

3° *Arbres fruitiers et légumes divers.* — *Aréquiers.*— Les beaux jardins d'aréquiers de Thanh-tuy-thuong et de Than-tuy-ha, dont plusieurs hectares d'un seul tenant, occupent une vaste bande de terrain partant de Phuoc-thiên, passant par Phuockièn, My-khoan, Phuoc-lai et se terminant à la limite de la province, parallèlement au canal de Ba-ky, englobant une superficie d'environ 17.000 ha. De toute la province, c'est cette région qui fournit la plus grande quantité d'arecs.

Les noix du canton de Thanh-tuy-ha, sont des produits très estimés des indigènes et connues sous le nom de « Cau-Dong-mon». Elles sont également très recherchées par les commerçants indigènes et donnent lieu à un notable mouvement d'exportation hors de la province. Là seulement, en effet, la production dépasse les besoins de la consommation locale. Les noix d'arecs

Les appareils devant les hangars du camp d'aviation de Binh-Thanh

bouillies et séchées à la braise sont vendues dans toutes les provinces de l'Ouest et à Saigon et Cholon.

Le rendement moyen est d'environ 300 kilos de noix par hectare.

Bétel. — Celui de l'île de Tan-trieu-dong, très apprécié des connaisseurs, est connu en Cochinchine sous le nom de bétel de Donaï. Sa culture occupe dans la province une centaine d'hectares environ.

Les *jardins* de Tan-trieu et de Long-vinh-thuong, d'une superficie de 200 ha. donnent de beaux produits. Les *pamplemousses* sont réputés dans toute la Cochinchine. Les légumes tels que *patates, ignames, haricots, manioc*, etc... sont cultivés un peu partout dans la province et se vendent dans les marchés les plus voisins.

La culture de l'*Ananas* est une notable source de profit dans les cantons de Thanh-tuy-thuong et Thanh-tuy-ha. La superficie cultivée est d'environ 1.500 ha. et le rendement à l'hectare est d'environ 800 kg. de fruits annuellement. Les produits font l'objet d'un important mouvement d'exportation vers Cholon et Saigon.

On peut signaler encore comme arbres fruitiers ceux dont la culture est repandue dans toute la province : *orangers, citronniers, pamplemoussiers* (une centaine d'hectares). *Mangoustaniers, bananiers* poussent dans les jardins, dans chaque localité, de même que les *jacquiers, goyaviers, grenadiers, pommiers-canneliers* etc., etc.

Enfin, mentionnons les épices et légumes indigènes, tels que *curcuma, gingembre, piment, concombre, salade (rau) radis blanc* (cu-cai), etc...

La culture des *légumes européens* se retrouve à Binh-truoc et dans les centres comptant des Européens. On la rencontre également dans quelques jardins indigènes. Enfin les Chinois s'en sont fait comme partout la spécialité : les produits obtenus sont les *carottes, betteraves, asperges, radis, tomates, haricots, céleri, oseille, épinard, persil.*

II. — **Cultures industrielles** (*Exploitations européennes et indigènes*)

I.—Plantes oléagineuses. — *a*) Le *Cocotier*, dont la culture si avantageuse est particulièrement à conseiller en Cochinchine, s'est beaucoup développé dans la province depuis quelques années. Avec le palmier à huile (*Elaeis*), c'est une des grandes cultures d'avenir. Jusqu'à une époque récente, on croyait que les rives du Donaï offrant des terrains assez humides et riches en humus, constituaient pour cette culture le seul terrain d'élection. Les essais en terre rouge ont également donné des résultats remarquables et le nombre des plantations de cocotiers va en s'accroissant chaque année. Six importantes cocoteraies, à signaler dans la province, couvrent une superficie de 1.042 ha.

Celles appartenant à la Société des Plantations d'An-loc sont les plus belles. Là, la Société a appliqué au cocotier les procédés de culture intensive (défoncement mécanique, fumure abondante et entretien parfait du sol) qui lui ont donné de forts heureux résultats pour l'hévéa et le caféier. La superficie actuelle (195 ha) a été plantée avec des variétés de Malaisie de 1912 à 1916 et une nouvelle extension est prévue pour les années à venir.

D'autres planteurs de caoutchouc de la province de Bienhoa ont entrepris des cultures plus réduites, à titre d'essai. Ce sont, en terre rouge, la Société de Xuan-loc (30 ha) ; en terre grise humifère, Mme de la Souchère, à Tan-loc (90 ha) et la Société agricole de Thanh-tuy-ha (60 ha) ; en outre, divers petits planteurs, de 5 à 15 hectares.

Plantations d'An-Loc.— Allées de Cocotiers

Il convient aussi de citer deux plantations entreprises par des capitalistes chinois, dans la région de Nhabè voisine du confluent du Donaï et de la Rivière de Saigon. Ces plantations, de date assez récente, comprenant, l'une 90.000 (100 ha) l'autre 30.000 cocotiers (60 ha) sont situées dans des terres alluvionnaires riches, très humifères, mais qui demandent à être soigneusement drainées. La végétation des jeunes cocotiers de 5 à 10 y est vigoureuse.

Les plantations d'An-loc et celles de Trinh-tru sont en rapport depuis deux ans et les autres, de création récente (Bezard, Guéry) semblent promettre un bel avenir, vu l'aspect florissant des arbres.

En tenant compte des cocoteraies disséminées autour des habitations et le long des cours d'eau, la superficie totale réservée à la culture de cet arbre s'élève à 2.800 ha. Le rendement de la récolte est particulièrement élevé dans les cantons de Thanh-tuy-ha, Thanh-tuy-thuong (1.800 à 2.000 fruits par ha) tandis que dans d'autres cantons tels que Phuoc-vinh-ha, Chanh-my-thuong, cette production est très réduite et ne dépasse pas 600 fruits par hectares. Actuellement la production annuelle suffit à la consommation locale avec une très faible exportation, mais le jour où toutes les cocoteraies seront en pleine production, la province fournira des coprahs à l'export en abondance et alimentera les huileries de Cholon. Des projets de grandes plantations de palmiers à huile et de cocotiers sont actuellement à l'étude dans la région de Phuoc-ly, ainsi que dans la région des terres rouges.

b) *Le Palmier à huile* (Elaeis).—Bien que n'ayant pas atteint encore les résultats obtenus pour le cocotier, on peut être certain que le palmier à huile est également une culture de grand avenir pour Bienhoa. Les premiers essais sont ceux d'An-loc où la Société a créé une plantation d'une quarantaine d'hectares, actuellement en production, avec des graines provenant de Suoi-Giao, du Jardin Botanique de Saigon et de Brazzaville. Citons également un essai de culture tenté par Mme de la Souchère avec des semences du Jardin Botanique et de Xa-cam.

Une puissante société anonyme, la Cie française d'étude et d'entreprise coloniale a obtenu dernièrement la concession de 3.500 ha. de terres rouges, dans le canton de Phuoc thanh au Nord d'An-Loc qu'elle consacrera à la culture de l'Elaeis. De même dans la région de Chanh-hoa, Binh-co (Chanh-my-ha) plus de 4.000 ha ont été demandés pour la culture du palmier à huile et accessoirement de la canne à sucre.

c) *L'Arachide.*— Cultivé sur 150 ha. par les indigènes, sert surtout à faire de l'huile à brûler.

d) *Le Sésame.*—(Une trentaine d'hectares. Est peu cultivé. La récolte est achetée par les Chinois à très bas prix.

II.— Plantes textiles.—*L'Ouatier* ou faux cotonnier, appelé « Cay-gon » par les indigènes, donne un duvet soyeux spécialement employé à la confection des matelas et coussins.

III.— Autres cultures industrielles.—a) *Canne à sucre.*—La province de Bienhoa occupe le deuxième rang (après Giadinh) pour la production de la canne à sucre.

La canne à sucre est cultivée principalement dans les cantons de Phuoc-vinh-ha, Phuoc-vinh-trung, Phuoc-vinh-thuong, Chanh-my-ba, Chanh-my-trung et Chanh-my-thuong. Cette culture occupe, en 1923, une superficie d'environ 1.000 à 2.000 hectares. Le rendement est estimé à environ 1.500 kg. par hectare. Les cannes indigènes sont très prisées des Annamites; ils les préfèrent aux espèces de Java ou de Sumatra. Quoique d'apparence chétive, elles donnent beaucoup de jus.

Bienhoa. — Avenue de la Citadelle

Les indigènes de Bienhoa s'adonnent volontiers à cette culture, car elle ne leur donne presque pas de peine et est d'un bon rapport. Après 4 ou 5 labours, les plants de canne déjà en germination sont mis en terre vers le mois de février. Aux premières pluies (fin avril), la plantation est fumée et buttée. Ce travail terminé, aucun soin n'est apporté jusqu'à la récolte. Les mêmes plants servent 2 ans et donnent lieu à deux coupes.

La culture de la canne à sucre a lieu en terrain sec et élevé (plateaux alluvionnaires des environs de Bienhoa et terres rouges) et en terrain bas et humide (au voisinage du Donaï et des rachs importants, dans les cantons cités plus haut). C'est le « mia-lau » qui est cultivé en terre haute, le « mia-vang » et un peu de « mia-ly » et de « mia-do » en terre basse. La presque totalité des champs de canne à sucre appartient aux indigènes. Cependant des sociétés européennes ou des colons commencent à se préoccuper de cette culture. C'est ainsi qu'une vaste plantation de cannes à sucre est en cours de réalisation près de Phuoc-hoa, à My-duc, dans le canton de Chanh-my-ha. Des essais ont aussi lieu en terre rouge. Une Société, constituée en 1919, a obtenu la même année du Gouvernement local une concession de 25.000 ha. dans le bassin de la basse Lagna, s'étendant depuis le domaine de la Bienhoa industrielle et forestière jusqu'à la frontière d'Annam, mais jusqu'ici rien n'a été fait pour la mise en valeur. Il faut noter que, depuis 1920, la superficie cultivée en canne à sucre a diminué à Bienhoà, par suite de mauvaises récoltes successives. Elle a passé de 2000 ha. (1920) à 1.430 ha. (1923).

Parallèlement l'industrie sucrière a rétrogradé. Les sucreries indigènes sont actuellement au nombre d'une centaine, dont la plupart se trouvent dans le canton de Phuoc-vinh-ha. Une petite sucrerie à vapeur européenne, dont le matériel provient d'Amérique, a été transférée de Thu-duc (Giadinh) où ses essais avaient été satisfaisants, à My-duc, près de la plantation signalée plus haut. Plantation et sucrerie appartiennent à un groupe de colons cochinchinois. La sucrerie commencera à fonctionner au début de 1925.

L'ancienne sucrerie de Phuoc-ly, qui appartient à des Chinois de Cholon, a cessé de fonctionner depuis quelques années.

b) *Tabac* (Une centaine d'hectares). — Le tabac indigène est de qualité inférieure. Celui du canton de Binh-lam-thuong est pourtant assez goûté. Son principal défaut lui vient de ce qu'il ne subit aucune fermentation, ni préparation. Les plantations européennes commencent à posséder de beaux champs de tabac, susceptibles de donner, après un traitement rationnel, d'excellents produits.

Le tabac est cultivé surtout dans la région moï de Chua-chan où les terres rouges sont très favorables à la culture de cette plante. La récolte de tabac planté en région annamite est suffisante à la consommation locale. Le tabac planté en région moï, connu sous le nom de « thuoc-sut » est vendu dans les provinces voisines telles que Thudaumot, Gocong, Saigon et Cholon.

La superficie totale, cultivée en 1923, est évaluée à 84 ha. et la récolte faite en mars de cette même année a donné 350 kg. contre 300 kg. d'une année moyenne.

c) *Café.* — L'espèce la plus répandue est le « Liberia » ; les essais tentés avec le Moka n'ont pas été satisfaisants. Le café occupe, en 1923 une superficie d'environ 300 ha., répartis parmi les importantes plantations d'An-loc, Suzannah, de la Souchère, de Binh-truoc et Lignon. 110 hectares sont plantés sous hévéas. Quelques champs de caféiers, d'excellente qualité, sont également cultivés par des propriétaires indigènes. Le rendement moyen à l'hectare est d'environ 270 kg. Les Chinois de Saigon et de Cholon se rendent acquéreurs des récoltes, en général, à des prix assez élevés.

d) *Thé* (Thé annamite ou Tra hué). — Cette culture très intéressante se fait surtout au village de My-hoi. Ce thé ne se plante pas directement ; il faut d'abord le semer et ensuite le repiquer. Le repiquage se fait généralement aux mois d'octobre et de novembre.

Le terrain, qui lui est destiné, doit être un sol humide, mais non marécageux. Il faut le retourner, le fumer abondamment, le diviser en bandes parallèles et faire de petits talus sur lesquels seront mis en terre les jeunes plants de thé. Les jardins d'aréquiers sont souvent choisis pour cette culture, les indigènes pouvant utiliser ainsi tout le terrain.

Le thé ne commence à rapporter qu'au bout de trois ans et dès lors la cueillette des feuilles se fait deux fois l'an, aux mois de juin et d'octobre. La première récolte comme qualité est toujours supérieure à la seconde. Les Annamites n'apportent aucun soin à leur récolte ; ils taillent et émondent les branches, puis les passent légèrement au mortier pilon, et les exposent ensuite au soleil pendant quelques jours. De cette façon, ils obtiennent un thé excessivement grossier qui, infusé, donne une boisson assez agréable et très rafraîchissante.

A My-hoi, ils n'opèrent pas ainsi ; ils cultivent le tra-hué pour le compte des Chinois qui achètent les récoltes sur pied et font faire par des coolies à leur solde la cueillette des jeunes pousses qui sont ensuite expédiées avec beaucoup de soin à Cholon pour être converties et vendues ensuite comme produit de Chine.

e) *Poivre.* — Cette culture est maintenant à peu près nulle dans la province. Elle n'occupe aux villages de My-hoi, Tan-trieu et Thoai-son qu'une superficie de quelques hectares dont le rendement très minime ne mérite pas de retenir l'attention. Il existait, il y a quelques années, à Tan-loi (canton de Chanh-my-ha), une belle poivrière d'environ 60.000 pieds, créée par un Européen. Elle est complètement abandonnée aujourd'hui.

f) *Ricin.* — La culture en a été également abandonnée depuis la fin de la guerre.

Bienhoa. — Le Boulevard Bousignon vers le Donaï

g) *Vanille.* — Un essai intéressant, sur petite échelle, a été fait dans le parc de l'Inspection de Bienhoa. Créée en 1922, une petite vanillerie provenant des boutures d'une plantation assez importante de Honquan (Thudaumot) s'est depuis parfaitement développée grâce aux soins attentifs et éclairés qui lui ont été prodigués. Il a été prouvé, grâce à cet exemple, que le vanillier peut pousser en Cochinchine avec une vigueur surprenante, pour peu que sa culture soit pratiquée avec les méthodes appropriées. Il est à souhaiter que cet essai ne demeure pas isolé, car en raison du cours élevé de la vanille, cette culture pourrait constituer une importante source de revenus pour les colons de Cochinchine.

h) *Mûrier*. — La culture du mûrier est, à l'heure actuelle, encore inexistante dans la province de Bienhoa, mais comme celle-ci renferme des terrains d'élection pour cette culture, il est possible que le mûrier soit prochainement planté dans plusieurs concessions, à la suite des mesures finales prises récemment en faveur du développement de cette culture.

III. — La colonisation européenne. — Les plantations d'hévéas

La province de Bienhoa est une de celles qui se placent au premier rang de la colonisation européenne, tant par les superficies mises en valeur ou concédées que par le nombre des colons établis sur son territoire et par l'importance des capitaux qu'ont engagés les particuliers ou les sociétés dans l'exploitation de leurs domaines.

Sur les 147.647 ha. que nous avons signalés au début du chapitre « Les Ressources » comme étant cultivés ou accordés en concession (dont 70.054 déjà mis en valeur), la superficie totale des exploitations *européennes* est de 29.639 ha. 70, dont 8.657 ha. 90 sont mis en pleine valeur, se décomposant comme suit :

	6.235 ha. 90	en hévéas ;
	1.723 —	en rizière ;
	579 —	en cocotiers,
	120 —	en café.
Total... ...	8.657 ha. 90	

Des chiffres ci-dessus indiqués, il ressort que les 3/4 des exploitations européennes sont absorbés par les plantations d'hévéas.

L'Hévéa, culture d'avenir de la Cochinchine orientale.

On parle avec raison de « *monoculture* » pour les provinces de l'Ouest, où le riz constitue la production essentielle du sol, en regard de laquelle les autres cultures n'occupent que des étendues extrêmement réduites.

On pourrait peut-être — et cela se vérifie d'année en année — parler sinon de monoculture, du moins de culture nettement prédominante pour les provinces de l'Est, où les *plantations d'hévéas* occupent des superficies toujours croissantes.

Et ce phénomène est d'autant plus intéressant qu'il prend son origine à une époque très récente, il y a une quizaine d'années environ. Les résultats déjà acquis permettent d'entrevoir déjà le développement prodigieux qu'on peut espérer de la culture de l'arbre à caoutchouc dans les provinces de l'Est cochinchinois. Jusqu'à ce jour, ces dernières ont joué, à l'égard de leurs opulentes sœurs occidentales, le rôle de « parents pauvres » malgré leurs richesses forestières, demeurées presque improductives. Faiblement peuplées, sans grandes ressources financières, elles n'ont pu entreprendre que fort peu de grands travaux, s'équiper difficilement à la moderne. On n'y rencontre pas comme dans l'Ouest, d'établissements scolaires ou d'Assistance médicale pourvus de tous les perfectionnements du confort et de l'hygiène. On n'y voit pas non plus, ou exceptionnellement, de somptueuses demeures comparables à celles des riches propriétaires terriens de Cantho, Vinhlong, Soctrang ou Baclieu. Et, par un phénomène naturel, la sollicitude des

Plantations d'An-Lôc. — La saignée des hévéas

pouvoirs publics comme les générosités des budgets local ou général se sont plutôt portées vers les riches territoires qui leur fournissaient le plus clair de leurs ressources.

Mais, depuis 1910 environ, date à laquelle il a été permis de prévoir d'une manière certaine l'essor réservé aux plantations de caoutchouc, et à laquelle également ont commencé à se constituer les grands domaines, on a assisté à un revirement d'opinion à l'égard de ces immenses territoires de l'Est limitrophes de l'Annam, qui n'intéressaient jusqu'à ce jour l'Européen que par la beauté de leurs sites, d'ailleurs quasi-inaccessibles et les ressources incomparables offertes aux chasseurs. C'était la région dite « sauvage » des cantons moïs.

Il n'en va plus de même aujourd'hui, depuis qu'a été découverte et exploitée la valeur des fameuses *«terres rouges»* et celle aussi des *«terres grises»*.

Les terres rouges.

La vaste bande de terres rouges qui, partie des régions côtières de la province de Baria s'étend jusqu'aux provinces méridionales du Cambodge, traverse dans toute sa longueur du Nord au Sud le territoire de Bienhoa, sur une largeur variant approximativement de 25 à 50 km. Ces terres se rencontrent sur le territoire des cantons de An-vieng, Binh-lam-thuong Tap-phuoc, Phuoc-thanh, une partie de Phuoc-vinh-ha. Au Nord du Donaï, elles se continuent sur les territoires encore inexploités ou même inexplorés de Binh-tuy, Tan-thuan, Thuan-loi, Binh-cach, et aussi plus à l'Ouest dans le canton annamite de Chanh-my-ha.

Ces terres rouges sont toutes situées sur l'emplacement ou à proximité des roches éruptives plus ou moins anciennes. Elles sont souvent jalonnées de blocs de basalte. Leur origine volcanique ne fait plus de doute. Ce sont des terres fortes, argileuses, particulièrement riches en acide phosphorique et en azote, moins bien pourvues de potasse et de chaux. A noter que ces terres sont bien différentes d'autres terres argileuses rouges, connues sous le nom de *«latérite»*, qui sont d'une valeur agricole très médiocre ou même inutilisables pour la culture. La caractéristique, au contraire, des terres rouges, est d'être très fertile, mais elles doivent sans doute cette fertilité beaucoup plus à leurs caractères physiques qu'à leur composition chimique. Si elles sont, en effet, fréquemment travaillées en surface et si on leur applique la méthode dite «*dry farming*», elles deviennent très poreuses ; elles absorbent et retiennent une très grande quantité d'eau, si surtout on parvient, au moment des grandes pluies, à réduire le plus possible le ruissellement et à obvier à l'érosion. Il en résulte que ces terres demandent à être entretenues très soigneusement. Fraîches en permanence, alors même que les «suois» voisins sont asséchés, elles se laissent facilement pénétrer par les racines des plantes, lesquelles peuvent végéter et même prospérer en pleine saison sèche. Aussi toutes les plantes tropicales de grande culture viennent-elles très bien sur les terres rouges, non seulement

Suzannah. – Perspective dans une plantation d'hévéas

l'*hévéa* pour lequel elles constituent le sol d'élection, mais encore le *cocotier* et l'*elaeis* trouveront là une zone de développement sans pareille, dont la valeur a déjà attiré l'attention de sociétés puissantes, ainsi que le *café*, le *tabac*, le *théier* et même la *canne à sucre*, sans parler plus secondairement du *camphrier*, du *kolatier*, de la *ramie*, de l'*indigo*, du *sisal*. Notons, en passant, que le coton lui aussi se développe très bien en terre rouge, et que, s'il ne trouve pas en Cochinchine le climat qui lui convient absolument, le Cambodge pourra sur son million d'hectares de terre rouge tirer de ce textile un parti des plus précieux.

L'énumération des régions de Bienoha où l'on rencontre des terres rouges nous démontre tout de suite l'inconvénient de leur situation. Groupées vers l'Annam, c'est-à-dire la partie la plus reculée de la province où la forêt règne en souveraine et où l'homme est rare, elles ont l'inconvénient d'être situées loin des centres et des zones de facile communication. L'effort à faire pour leur mise en valeur a donc été décuplé par la nécessité de créer des routes, de défricher et de déboiser partout, enfin d'importer la main-d'œuvre. Leur exploitation a donc exigé des frais généraux considérables qui ne peuvent être supportés que par des sociétés puissamment financées.

Les terres grises

Ainsi nommées par opposition aux «*terres rouges*», elles sont formées d'alluvions siliceuses ou proviennent de la décomposition des grès sous-jacents. La plupart des cultures riches ne peuvent y prospérer et l'hévéa, pour y croître normalement, exige de bonnes fumures.

Mais les terres grises ont l'avantage d'être à proximité des centres ; elles sont par suite d'un accès commode et ont été, en général, déforestées depuis assez longtemps. Le recrutement de la main-d'œuvre s'y fait plus facilement et les frais de défrichement y sont beaucoup moins onéreux qu'en terre rouge. En raison de ces avantages elles conviennent particulièrement aux affaires de petite ou de moyenne importance, qui, à Bienhoa notamment, se rencontre en assez grand nombre. Dans la province on trouve ces terres grises dans la vallée du Donaï (cantons de Thanh-tuy-ha, Long-vinh-thuong, Phuoc-vinh-thuong Phuoc-vinh-trung, Phuoc-vinh-ha) et aussi dans la partie du canton de Chanh-my-ha, voisine du Donaï et de l'embouchure du Song Bé. A condition d'être soignées, l'expérience a prouvé que ces plantations peuvent donner d'aussi bons rendements en caoutchouc que celles des terres rouges, avec toutefois un retard d'un an environ pour le début de la production.

Le développement des plantations d'Hévéas (1907-1923).

La superficie des plantations d'hévéas appartenant à des Européens dans la province de Bienhoa s'élève au chiffre total de 27.911 hectares. La superficie totale des exploitations européennes est, nous l'avons vu, de 29.639 ha. De la comparaison de ces deux chiffres, il ressort nettement, comme nous l'avons remarqué au début du présent article, que c'est à l'hévéaculture, dans une proportion de plus de 80 %, que la plupart des colons européens et des grandes sociétés d'exploitation ont consacré leur activité et leur capitaux.

Nous avons dit également que les surfaces réellement cultivées c'est-à-dire plantées d'arbres et non seulement défrichées, s'élevaient à 6.235 ha. 90. Les renseignements fournis par le Syndicat des Planteurs de Caoutchouc de Cochinchine accusent 6.334 ha., chiffre légèrement supérieur. Cette différence provient de ce que certains colons se sont abstenus de déclarer à l'Administration provinciale le nombre d'hectares supplémentaire mis en valeur d'une année à l'autre, lors de la confection des statistiques officielles.

Ce chiffre de 6.334 hectares, superficie complantée en hévéas, comparé à celui de 27.911, superficie des concessions, paraît peut-être assez faible au premier abord. A ce sujet il convient de faire les observations suivantes, qui donneront à ces chiffres leur véritable valeur.

1° L'époque à laquelle on a commencé à pratiquer l'hévéaculture en Cochinchine, et plus particulièrement à Bienhoa, est toute récente. Elle remonte à une douzaine d'années environ dans cette province. Seule la Société agricole de Suzannah est un peu plus ancienne (1907). En outre, les premières plantations furent l'œuvre de simples particuliers qui y consacrèrent les modestes capitaux dont ils disposaient. Ce ne furent donc que des superficies très réduites qui furent d'abord défrichées et plantées. Ce n'est qu'à partir de 1914 et surtout de 1919 que se constituèrent les Sociétés à capitaux puissants, susceptibles de pouvoir mettre en valeur plusieurs centaines d'hectares à la fois.

2° Il ne faut pas oublier non plus la crise très grave qu'a subie ces dernières années la production du caoutchouc. Aux prix élevés de la guerre, correspondant à une période particulièrement favorable pour les planteurs, mais qui ne put être qu'incomplètement mise à profit, à raison de la paralysie générale apportée aux affaires par l'état de guerre et la période immédiatement consécutive, à ces prix élevés, disons-nous, succéda une baisse subite qui plaça les exploitations de caoutchouc dans une situation très précaire pendant plus de deux ans. Cette instabilité des événements entraînant naturellement celle des affaires et des cours, a retardé sérieusement la mise en valeur des concessions.

Tout cela explique la faiblesse apparente du chiffre des superficies mises en valeur, eu égard au total des hectares concédés.

Telle qu'elle est cependant, la province de Bienhoa occupe la deuxième place au point de vue de l'hévéaculture en Cochinchine. Cela résulte de la comparaison des chiffres suivants donnés par les tableaux statistiques du « Syndicat des Planteurs de Caoutchouc ». Nous en extrayons quelques chiffres pour les trois provinces figurant en tête de liste :

DÉSIGNATION DES PROVINCES	SUPERFICIE TOTALE DES CONCESSIONS	SUPERFICIE PLANTÉE	NOMBRE D'HÉVÉAS EN PLACE
Thudaumot	35.439 ha.	14.764 ha.	1.570.982
Bienhoa	28.577 —	6.505 —	1.348.239
Giadinh	7.788 —	5.339 —	1.225.666

A remarquer que, dans ce tableau, les chiffres donnés pour Bienhoa comprennent ceux que nous avons déjà fait connaître au

Plantation de Suzannah.—Visite d'une jeune plantation en lorry

début du chapitre pour les plantations européennes (27.911 ha. pour la superficie totale des concessions, 6.334 ha. de superficie réellement complantée) augmentés de ceux concernant les plantations indigènes, soit : 606 ha. pour la superficie totale et 176 ha. pour la superficie cultivée.

Voici, d'autre part, un tableau assez complet réunissant les renseignements les plus récents sur la situation des plantations d'hévéas de la province Bienhoa pendant l'année 1923 ;

PROVINCE DE BIENHOA (1923)

DÉSIGNATION DES PLANTATIONS	SUPERFICIE TOTALE	SUPERFICIE PLANTÉE	ARBRES PLANTÉS au 1er SEPTEMBRE	ARBRES EN SAIGNÉE au 1er SEPTEMBRE 1923	SUPERFICIE EN SAIGNÉE	PRODUCTION EN 1921	PRODUCTION EN 1922	PRODUCTION EN 1923 (début)	OBSERVATIONS
An-loc (Société d')	4.758	1.034	132.830	116.183	786	200.000	220.000	350.000 (1)	
Bao-hang (Société de)	170	170							
Berland	10	10							
Binh-truoc (Société de)	400	170	66.000	(2) 10.000					
Cam-tieu	2.000	150	45.000						
Caoutchoucs de Cochinchine (Sté des) (An-vieng)	2.471	680	180.000	100.000	400			120.000	
Coué	198	40							
Hévéas du Donaï (Société des)	420	200	37.000	18.000		12.000			
Fonducci	75	40	10 000						
Gia-nhan (Compagnie caoutchoutière de)	450	100	13.000	12.800		28.000			
Hérnud et Giaccomoni	117	117	28.000	16.000					
Isidore	10	10							
La-buong	300	50	13.000						
Le-phat-Tân (Nicolas)	200								
Lignon	94	30	9.500	3.300					
Marcuard	50	25							
My-duc	300	60	6.000						
Phuoc-hon	1.146	150	37.000	10.000	40				
Phuoc-hanh	200	100	25.000						
Phuoc-ly	425	70	28.000						
Phuoc-tân (Société civile)	730								
Simonette	790	131							(1) Prévisions. (2) en 1922
So-hai	20	20	4.300						
De la Souchère	3.300	700	165.000	50.000			70.000		
Suzannah (Société agricole de)	3.400	900	176.790	175.844	900	278.000	320.000	450.000 (1)	
Suoi-chua (Tokurato)	19	10	5.000						
Tam-may	380	80	40.000			22.000			
Thanh-tuy-ha (Société de)	3.015	687	139.000	92.000	42	143.000	172.575		
Xuan-loc (Société de)	2.363	525	135.000	103.000	400	132.000	157.000	190.000	
Vezin et de Margon	40	12	3.049	2.000	10	1.800			
	27.011	6.334	1319.309						

PROVINCE DE BIENHOA (1923)

PLANTATIONS DIVERSES

DÉSIGNATION DES PLANTATIONS	SUPERFICIE TOTALE	SUPERFICIE PLANTÉE	ARBRES PLANTÉS au 1er SEPTEMBRE 1923	ARBRES EN SAIGNÉE au 1er SEPTEMBRE 1923	SUPERFICIE EN SAIGNÉE	PRODUCTION EN 1921	PRODUCTION EN 1922	PRODUCTION EN 1923 (début)	OBSERVATIONS
Binh-y	40	18	3.000						
Khuu-hoa	400	20							
Le-van-Ty	20	20							
Ly-van-Lang	10	10							
Nguyên-van-Bôn	10	10							
Sa-Mavoulavanjour	30	16	5.400						
Benco	28	10	3.000						
Vo-ha-Thanh	128	87	17.870	4.080	20				PRODUCTION 9 kilos par jour
Total	666	171	28.870						
Report	27.911	6.334	1.319.369						
Total général	28.577	6.505	1.348.239						

Ces plantations se répartissent pour deux tiers en *terres rouges* et pour un tiers en *terres grises*. Les principales plantations en terres rouges sont les suivantes : Société agricole de Suzannah (3.400 ha.) ; Société des Plantations d'Anloc (4.758 ha.) ; Société des Plantations de caouchouc de Cochinchine à An-vieng (2.471 ha.) ; Société des Plantations d'Hévéas de Xuan-loc (2.363 ha.) etc, etc...En terres grises, nous trouvons le domaine de la Société des Plantations de Thanh-tuy-ha (3.015 ha.), de la Plantation de la Souchère (3.300 ha.) de Phuoc-hoa (1.140 ha.) etc, etc...

Quelques rapides détails sur les plus intéressantes plantations montreront la somme considérable d'efforts déjà accomplis par nos colons.

Le groupe Suzannah-Anloc, plantations limitrophes, constitue un domaine véritablement magnifique appartenant à deux sociétés anonymes disposant de moyens importants.

a) *Société Agricole de Suzannah*.— L'origine de Suzannah remonte à 1904, époque de la construction du chemin de fer d'Annam (tronçon Saigon-Phanthiet). C'est donc une des plantations doyennes de la Colonie. La Société fut constituée en 1907, au capital de 2.500.000 francs. Elle possède 3.400 hectares en propriété, sur lesquels 1.332 hectares parfaitement labourés après extraction soignée des souches et racines traçantes, sont complantés d'hévéas (930 ha) de caféiers sous hévéas (31 ha. 50) et en culture seule (9 ha. 40)) et de cultures diverses : camphriers kolatiers, etc...La production en caoutchouc varie de 1.500 à 2.000 kgs par jour et est estimée, en 1923, à 450 tonnes de caoutchouc, en progression d'environ 130 tonnes sur 1922.

La plantation a fourni également 5.178 kgs de café et 574 de noix de Kola. Des rizières assurent le ravitaillement du personnel de la plantation et des villages avoisinants.

Un cadre européen, Directeur et surveillants, dirige une importante main-d'œuvre d'environ 450 travailleurs indigènes de Cochinchine ou principalement d'engagés de l'Annam, du Tonkin et de quelques Moïs et Chams. D'importantes installations : usines, séchoirs, fumoirs, etc., pour le traitement du latex, pourvues d'un matériel moderne permettent la préparation complète du caoutchouc en vue de l'exportation. Notons que la Société agricole de Suzannah envisage l'extension prochaine de ses cultures et veut faire de nouveaux essais. Dans ce but, elle a demandé en concession une superficie considérable dans la région de Xuân-loc.

b) *Société des Plantations d'An-loc.* — A l'Est de Suzannah s'étend le domaine de la Société d'An-loc. Cette plantation dont l'origine remonte à 1909 s'est surtout développée depuis 1911, date de constitution de la Société, au capital de 3.000.000 de francs. Comme celle de Suzannah, elle se trouve en bordure de la route coloniale n° 1 et est traversée dans toute sa longueur par le chemin de fer de Khanh-hoa (Suzannah du km. 66 au km. 72. — Anloc du km. 72 au km. 80).

C'est la plantation du type moderne : grands espacements en terrain dessouché, labouré et fumé. Sur 4.578 hectares de

Plantations d'An-Lôc. — L'usine

superficie totale, 1.934 hectares sont complantés d'hévéas, dont 766 en saignée en 1923. En outre, il faut signaler d'importantes cultures secondaires : 195 hectares de cocotiers, 75 hectares de caféiers sous hévéas, 34 hectares de palmiers à huile (Elaeis), 15 hectares de bananiers sous hévéas et une dizaine de théiers et arbres fruitiers divers. La production s'est élevée, en 1923, à 350 tonnes de caoutchouc environ, 2.088 kg. de café, 10.603 kg. de coprah, etc... Il existe aussi sur la plantation un cheptel important de 590 têtes environ et un troupeau de vaches laitières dont les produits sont exportés sur Saigon. Comme à Suzannah, les installations sont conçues sur un vaste plan et le matériel tout à fait moderne comprend tracteurs, dessoucheuses des types les plus puissants, pompes à vapeur, dynamos génératrices et moteurs électriques, etc... La plantation emploie environ 300 coolies indigènes. Une quinzaine de hameaux groupe la main-d'œuvre d'Anloc et Suzannah, bâtis aux environs ou à l'intérieur de la plantation par les soins de la Société. Les prescriptions de l'hygiène y ont été scrupuleusement imposées. On trouve à Anloc-Suzannah un hôpital pour les fiévreux et les malades, une maternité pour les femmes enceintes, un asile pour les enfants abandonnés, où se dévouent des sœurs de charité. Une école aussi a été organisée pour les enfants des coolies.

C'est surtout grâce à l'énergique activité de leur Directeur, M. Girard, et aux méthodes modernes qu'il a expérimentées et imposées que les plantations bénéficient actuellement d'une remarquable prospérité. Fort bien tenues et pourvues de vastes installations, ces plantations font l'admiration de tous les visiteurs étrangers qui les parcourent.

On ne peut passer sous silence les importantes exploitations telles que celle de la *Société des Plantations de Caoutchouc de Cochinchine*, qui s'étend sur le territoire du village moï d'Anvieng et à laquelle on accède par la route provinciale n° 17, de Long-thanh à Dau-giay. D'une superficie totale de 2.471 ha, la plantation compte environ 700 hectares entièrement complantés et un vaste programme d'extension est en cours de réalisation. Les premiers arbres plantés de 1910 à 1912 sont d'une venue magnifique, qu'il est rare de rencontrer ailleurs ; la production en latex en est également remarquable par son abondance ; 350 coolies de Cochinchine, Annam ou Tonkin travaillent sur ce vaste domaine.

Plantation de la Souchère. — A peu de distance, plus au Sud, le long de la route coloniale n° 15, en allant au Cap près du centre de Long-thanh, on remarque la très belle plantation appartenant à Mme de la Souchère et fondée par elle vers 1910. Cette plantation, située en majeure partie en terre grise, est de belle venue grâce à la nature du sol silico-argileux, riche en acide phosphorique. La plantation mesure environ 3.300 hectares, sur lesquels plus de 700 hectares ont été mis en valeur. Le programme prévu pour les années à venir est de 300.000 arbres, sur lesquels 165.000 sont plantés et 70.000 en saignée alternée qui ont donné, en 1923, 68.000 kg de caoutchouc sec. Le cocotier le caféier sont également l'objet d'une culture importante dans la plantation (cocoteraie de 90 ha. dont l'étendue est augmentée actuellement).

Grâce à l'activité et au talent d'organisation de Mme de la Souchère, la plantation est en pleine prospérité. 700 coolies y travaillent, engagés dans les divers pays de l'Union ou recrutés sur place. Pour tout ce personnel, un village de colonisation a été fondé, pourvu de sa pagode, de son marché, de sa maison commune, de ses boutiques chinoises, comme toute agglomération annamite. Les coolies bénéficient, dans cette plantation, d'un traitement enviable, pouvant être donné en exemple à toutes les exploitations utilisant une main-d'œuvre importante. Autour de la jolie demeure de Mme de la Souchère, de nombreuses et confortables dépendances. Le téléphone relie les divers quartiers de la plantation et l'électricité a été installée partout. Un matériel moderne de tracteurs et camions automobiles assure le transport du personnel et du matériel. Bref, tout démontre dans cette entreprise une largeur de vues et un sens pratique vraiment remarquables, tout à la louange de la vaillante Française qui la dirige.

Plantations de Xuan-loc. — Lorsque, en venant de Bienhoa, on quitte la route coloniale n° 1 au km 46 pour s'engager à droite sur la 2e partie de l'ancienne route Chesne (aujourd'hui route locale n° 2, de Xuan-loc à Baria), après avoir traversé de vastes espaces encore occupés par une brousse épaisse, on débouche subitement sur un plateau, en face d'un paysage dessiné, ordonné, préparé dans tous ses détails par le labeur humain. C'est à droite et à gauche de la route, la perspective des futaies régulières d'hévéas en pleine force de l'âge, groupés en lots clôturés. Puis, on longe une vaste usine, récemment élevée, dominant les hangars, séchoirs, fumoirs et autres installations habituelles ; quelques cent mètres plus loin, un agreste chalet sur pilotis se dresse au milieu des pâturages. C'est la maison du Directeur. Nous sommes aux plantations de Xuan-loc, village de Thoi-giao, celles dont la prospérité toute récente s'affirme de plus en plus nettement. D'une superficie de 2.363 hectares sur lesquels la partie complantée (actuellement de 525 hectares) s'augmente d'année en année, ces plantations témoignent d'une gestion remarquable ; 135.000 arbres sont actuellement plantés, qui ont fourni près de 200 tonnes de caoutchouc en 1923. Un important troupeau de 200 bœufs et de 50 vaches a été récemment doublé en vue de l'exécution prochaine d'un vaste programme d'extension. Outre les pâturages, la plantation se complète de rizières, d'une belle cocoteraie (30 hectares) et de champs de tabac et de caféiers. Environ 200 engagés du Tonkin et de l'Annam et une centaine de coolies libres recrutés sur place fournit le personnel de ces plantations.

Comme entreprises importantes, nous signalerons encore la *Société Agricole de Thanh-tuy-ha*, au village de Tan-truong, dont le domaine sur terre grise est très vaste : 3.015 hectares, mais dont la mise en valeur a été retardée sérieusement par la guerre. Actuellement 687 hectares avec 159.000 arbres fournissent près de

Bienhoa. — Les équipages des pirogues de course

180.000 kg. de caoutchouc. La société, dont le capital va être augmenté, étudie un programme d'extension des plus intéressants, portant sur plusieurs cultures à la fois.

Plantations indigènes. — Les deux seules notables appartiennent à deux fonctionnaires cantonaux de la province. L'une, près de Bengo, au village de Truong-tho et appartenant au Chef de canton de Long-vinh-thuong, mesure une trentaine d'hectares en terre grise, dont dix hectares sont complantés en hévéas, trop jeunes encore pour être saignés. L'autre, plus importante, située au village de Buu-long, à quelques kilomètres du chef-lieu, appartient au sous-chef de canton de Phuoc-vinh-trung. Elle mesure 130 hectares environ dont 90 plantés avec 18.000 arbres. La plantation a commencé à être exploitée cette année seulement. Chaque année une nouvelle surface est défrichée et plantée et cela jusqu'à complète mise en valeur de la superficie.

Main d'œuvre.

Les colons emploient la main-d'œuvre locale annamite et moï. Ils font venir également de l'Annam et du Tonkin des coolies engagés sur contrat, par l'intermédiaire du Service de l'Immigration et de la Main d'œuvre de la Cochinchine.

Au mois de juin 1923, le nombre des coolies engagés à l'extérieur était de 1.250, dont 790 hommes et 460 femmes et enfants. L'emploi de cette main-d'œuvre n'a donné jusqu'ici qu'une satisfaction relative et c'est un des plus graves problèmes qui se posent pour les planteurs que la recherche et l'éducation d'un personnel de coolies suffisamment aptes aux travaux qui leur sont demandés. Les désertions ne sont pas rares parmi ces engagés qui rompent leur contrat pour le moindre prétexte et mettent souvent leur employeur dans un réel embarras. L'Inspecteur du Travail de la Cochinchine et le Chef de la province exercent un contrôle strict sur les conditions d'hygiène et le traitement, en général, auxquels sont soumis ces engagés. Nous avons vu que, sur les grandes plantations, de réels efforts ont été faits pour améliorer leur bien-être.

Élevage

L'élevage ne constitue pas une source importante de richesse pour la province de Bienhoa. C'est un fait regrettable, car elle offre sur son territoire d'excellents pâturages et des terres relativement sèches et assez élevées où le bétail pourrait vivre dans de très bonnes conditions.

Des essais ont été faits par les colons européens et on doit notamment signaler celui de M. Guyonnet, négociant saigonnais, dans la région très judicieusement choisie du plateau de Camtiem. Les événements de la guerre ne lui ont malheureusement pas permis de faire aboutir ses efforts au succès. Ces essais seront d'ailleurs repris incessamment. L'élevage est pratiqué dans la plupart des grandes plantations européennes, mais comme industrie complémentaire de l'exploitation agricole.

Le bétail de la province compte, au 1er janvier 1924, 24.000 têtes y compris les 1900 appartenant aux diverses plantations.

Buffles. — La province compte environ 6.300 buffles, 8.000 bufflesses et 2,000 bufflons. Ce précieux animal sert au labourage des rizières. Dans les forêts, il est employé au charroi des bois.

Bœufs. — 120 taureaux, environ 6.000 bœufs et 1.200 vaches. Les bœufs labourent les terrains élevés. Dans l'Est de Bienhoà, les bœufs trotteurs traînent à rapide allure de petites charrettes légères qui sont les moyens habituels de locomotion des indigènes.

Chevaux.— Environ 450. Les habitants ne se livrent qu'exceptionnellement à l'élevage du cheval par suite du manque de fourrages naturels. Les chevaux viennent du Binh-thuan, du Khanh-hoa, des provinces de Binh-dinh et Phu-yen.

Moutons.— L'élevage de ce ruminant a été tenté il y a quelques années. Il n'a pas donné de bons résultats et a été abandonné.

Chèvres.— Elles sont assez rares dans la province. On trouve parfois un troupeau de 8 à 10 chèvres dans les maisons aisées ; mais leur élevage est considéré comme un luxe. Elles sont sujettes à une affection herpétique pendant la saison des pluies.

Porcs.— Ils sont extrêmement communs et vivent parfaitement sous ce climat. Quoi qu'il n'y ait pas d'élevage en grand de cet animal, on peut remarquer que les Annamites proches des distilleries de riz s'en occupent plus particulièrement. Les produits nourris avec les résidus du nêp (hèm) sont de qualité supérieure ; l'écoulement a lieu vers Singapore.

Volatiles domestiques.— Ils sont très nombreux dans les basses-cours de toutes les maisons et comprennent poules, canards et pigeons. Les pintades, dindons et oies sont plutôt rares bien que leur élevage soit très rémunérateur.

Élevage européen

Les plantations de Suzannah et d'An-loc pratiquent l'élevage avec une activité des plus louables.

La première possède, en 1923, un cheptel d'environ 360 bêtes dont 14 chevaux, 145 bœufs de travail, 69 vaches, 13 taureaux, 88 bouvillons, veaux et génisses, et 24 buffles, bufflesses et bufflons.

La deuxième possède un cheptel de 519 bêtes (9 chevaux, 5 juments, 190 bœufs de travail, 1 taureau, 63 vaches et 49 veaux ou génisses annamites ; 6 taureaux, 50 vaches et 140 veaux ou génisses métis, 10 chèvres).

Les plantations suivantes possèdent également chacune un troupeau important : Plantation de Xuan-loc (environ 400 bœufs, 50 buffles et 4 chevaux); Plantation de Cochinchine (180 bœufs et 2 chevaux) ; Société agricole de Thanh-tuy-ha (150 bœufs et 6 chevaux) ; Plantation Simonette (110 bœufs et 4 chevaux).

Le prix de vente des animaux dans la province est le suivant :

Cheval.	de 40 $ 00	à 50 $ 00
Buffle	de 30 00	à 35 00
Bœuf..	de 30 00	à 35 00
Chapon	de 0 60	à 1 00
Oie...	de 1 00	à 1 50
Canard.	0 70	
Poulet.	0 25	

ÉPIZOOTIE. — Le chiffre du cheptel de la province n'est pas très élevé, mais il faut tenir compte des ravages faits par la peste bovine pendant l'été de 1922 et au cours de l'année 1923. Le fléau a sévi sur une grande partie du territoire de la province et la lutte menée contre lui a été des plus rudes. Elle a été aussi des plus efficaces, si l'on en juge par la décroissance rapide du chiffre de la mortalité parmi les bovidés de la province. Le Service vétérinaire, prévenu dès l'apparition de la maladie sur un point déterminé, est toujours intervenu avec rapidité et efficacité. D'autre part, devant les succès obtenus par la séro-infection, beaucoup de propriétaires européens et indigènes se sont décidés à utiliser ce traitement préventif de l'épizootie, qui a donné les meilleurs résultats.

Forêts

L'importance de la question forestière à Bienhoa nous oblige à lui consacrer un chapitre spécial où nous exposerons les ressources immenses que renferme la province, leur mode d'exploitation et la richesse qu'elle peut en retirer. Nous avons déjà examiné dans la partie administrative de cette monographie l'organisation actuelle des cantonnements de Bienhoa et les modifications qu'elle est appelée à subir prochainement.

La superficie des forêts dans la province de Bienhoa peut être évaluée à 500.000 hectares environ se décomposant comme suit :

78.607 hectares de réserves forestières déjà créées ;
35.000 hectares de réserves forestières en projet ;
50.000 hectares de concession forestière (y compris les 30.000 hectares de la Société la B. I. F.);
337.100 hectares encore non exploités.

Ce sont donc de très vastes étendues souvent enrichies de plus beaux peuplements qui restent encore ouvertes à l'exploitation future.

Ces forêts sont réparties sur toute l'étendue de la province. Mais elles sont particulièrement denses et relativement homogènes dans la partie orientale de la province, sur toute la super-

La forêt de Bao-Liet et les premiers contreforts
de la Chaîne annamitique

ficie des cantons moïs. Les forêts qui constituent ces domaines se présentent sous un aspect très varié, mais, en général, comme des forêts soumises à l'action dévastatrice des indigènes pendant des siècles. Les peuplades sauvages ou à demi-sauvages, qui ont successivement occupé le sol, ont saccagé ces forêts sans discernement, au gré de chacun. Ensuite, le peuple annamite, malgré son degré de civilisation plus avancé, a toujours considéré la forêt comme devant se renouveler indéfiniment par les seules forces de la nature et n'a jamais songé à la protéger. Et ainsi, celle-ci n'a pas eu le temps de se reconstituer en dépit de l'action bienfaisante des forces vitales favorables, par suite des destructions périodiques.

Les futaies de bois dur, nombreuses, s'échelonnent le long des frontières Est et Nord ; mais on trouve, en général, à côté d'elles des boisements plus récents contenant surtout des essences secondaires, d'assez faible valeur, qui ont pris possession du sol après la destruction de la forêt primitive. Les espèces qui composent ces peuplements sont en très grand nombre ; nulle part on ne rencontre des peuplements composés d'une seule essence. Les massifs ne présentent pas l'aspect des forêts d'Europe, dans lesquelles croissent, réunies par grandes masses, une, deux ou trois d'espèces d'arbres sur un espace déterminé. Toutes les essences y poussent pêle-mêle et mélangées avec des végétaux de toutes sortes, arbrisseaux, lianes, rotins, bambous, etc.., formant un ensemble de fourrés impénétrables. De là des difficultés d'exploitation inconnues en Europe. En résumé, nous trouvons bien plus de forêts clairières et de brousse-taillis que de véritables futaies.

On peut distinguer dans les forêts des provinces orientales (Baria, *Bienhoa*, Thudaumot, Tayninh) plusieurs zones dont l'aspect et les produits diffèrent profondément et qui correspondent à des terrains de natures différentes.

A. — Forêt épaisse, taillis ou futaie

Elle ne recouvre que les terres rouges se présentant en couche épaisse (cantons moïs de Phuoc-than, Tap-phuoc, Binh-tuy) les seules qui puissent alimenter les géants qui la composent. Elle est, à vrai dire, assez rare, pour les raisons que nous avons exposées plus haut. Elle affecte deux formes différentes : la futaie et le taillis.

La *forêt-futaie* est composée d'arbres magnifiques aux troncs énormes, lançant à des dizaines de mètres au-dessus du sol, leurs frondaisons touffues, mais les futs sont relativement espacés entre eux et le sous-bois n'est guère formé que de rejetons clairsemés de palmiers-rotins ou d'herbe drue et haute ; c'est dans la forêt-futaie que se rencontrent le « cam-lai », (*dalbergia robusta*), le « sao » (*hopea*), le « bang-lang » (*lagerstrœmia*), le « dau » (*dipterocarpus alatus*) et autres géants centenaires aux troncs énormes, recouverts d'une écorce rougeâtre brune ou blanche, enlacés de lianes qui les enserrent et saillent en cordes noueuses.

La *forêt-taillis*, composée d'arbres de toutes essences est encore plus humide que la forêt-futaie. Son sol disparaît en toute saison sous un épais tapis de feuilles, à demi-décomposées, où, en été, grouillent par myriades, les minces et terribles sangsues. Des futs tombés et pourris s'emmêlent aux lianes qui descendent des branches, épaisses et tordues comme des câbles, lisses ou barbelées d'épines ligneuses et trapues ; des orchidées, des cycas, des fougères, des lichens, des mousses s'accrochent sur ces troncs, des bénitiers aux magnifiques feuilles capricieusement découpées, ornent les branches et se balancent au dessus du sol comme des supensions de verdure. Le sous-bois est inextricable, c'est un fouillis de palmiers-rotins, de cocotiers d'eau, de palmes diverses, de bananiers et d'aréquiers sauvages, de jeunes arbres pressés à s'étouffer. On ne peut avancer dans ces impénérables halliers, que la hache à la main. Parfois la forêt-taillis s'emmêle encore de fourrés de bambous écroulés, pressés en nappes denses ; mais nulle part, en ces immenses bois, on ne rencontre trace d'herbes ; rien que des arbres un fouillis d'arbres, au travers desquels on peut cheminer des journées entières. Les essences les plus variées s'y rencontrent : « cam-xe » *(jonquiera fraxinifolia)*, « cam-thi » *(diospyros sianensis)*, « Go » *(palmidra)*, « vap » *(messuaferra)*, « sao » *(melia dubia)*, « xoay » *(dialuim cochnense)* etc, etc...

B.— Forêt clairière.

Elle se rencontre sur les sols de grès et de schistes affleurant au voisinage du Donaï et de ses affluents, Songbé (cantons de Chanh-my-ha et de Phuoc-vinh-ha), Basse Lagna. Elle est en grande majorité presque exclusivement peuplée de dipterocarpées, réunis par peuplements considérables. Les deux espèces qui dominent sont le « trac » (*dipterocarpus intricatus*), le « cachac » (*shorea hornu*) et le « sen » (*shorea retusa*). Le long des cours d'eau on rencontre encore le « dau » et le « sao ». L'aspect de la forêt clairière est monotone. Le sous-bois est uniformément composé d'herbes-bambous s'éclaircissant autour de cycas dont les fines palmes s'épanouissent en corolle autour du fruit analogue à une pomme de pin, ou entourant l'épaisse tige triangulaire que domine la palme en éventail du latanier, ou les énormes troncs gris des ouatiers barbelés d'épines ligneuses et aux branches horizontales régulièrement opposées. De ci de là, des bandes de forêt-futaie et de taillis coupent la forêt claire aux endroits où le plancher de grès est recouvrrt de terres végétale.

Une clairière sur la route d'An-Binh

C.— La brousse taillis.

C'est une dégénérescence de la forêt-tallis. C'est un mélange de forêt-taillis rabougrie, d'herbe paillote, de bambouseraie, de plantes herbacées, de roseaux divers. Elle se présente aussi sous forme d'un épais et continu fourré d'herbe paillote ou « tranh ». Haute de 5 à 6 pieds, cette herbe pousse aussi dru que le gazon d'une pelouse. Ses brins, larges et compacts sont d'un jaune verdâtre et leur épi argenté miroite doucement au soleil. De cette nappe impénétrable, repaire du tigre, de la panthère et des cerfs, émerge un taillis rabougri, tordu, emmêlé de bambous et de lianes. Parfois cela cède la place devant un carré de belle forêt, mais cela s'étend de toute part, élastique, dominé le long des cours d'eau par les hautes bambouseraies épineuses ou la galerie de la forêt-futaie. Sous le souffle puissant du vent d'hiver, les champs d'herbe paillote ondulent comme des blés mûrs, et aussi loin que s'étend la vue, l'on n'aperçoit plus alors qu'une vague, frissonnante et dorée, d'où jaillissent les taillis sombres. C'est l'aspect ordinaire du plateau de Cam-tiem, (cantons de Binh-lam-thuong et An-vieng et d'une partie de Thanh-tuy-ha.)

En certains endroits sur le moyen Song Bé, au Nord d'An-binh, région de Binh-son et de la Nui Bara, la brousse-taillis s'épaissit. L'herbe paillote est moins dense, le taillis plus fourré. C'est alors un mur formidable d'arbustes tordus, rabougris, pressés, emmêlés de lianes rampantes, mais où dominent surtout les bambous épineux et les grandes bambouseraies écroulées. Il faut se couler là-dedans, sous les épines et les branches basses. Cette brousse-taillis dite « mer de bambous » oppose au voyageur un inextricable mur élastique, épineux et mouvant, qui rend excessivement pénible la marche. C'est dans ces régions que se sont réfugiés les Moïs indépendants, où la nature bien mieux que leurs armes, les protège contre l'étranger. C'est vers cette difficile région que se portent actuellement les efforts de pénétration.

D.— Forêts de paléluviers et de tram

La zone forestière inondée, c'est-à-dire la partie marécageuse de la province, des bas-fonds et des étangs voisins du Donaï, est peuplé principalement par deux essences : les *«palétuviers»* ayant besoin d'eau salée pour vivre et les *« tram »* poussant dans l'eau douce, mais supportant la salure à faible dose.

Les palétuviers poussent dans les terrains recevant directement les eaux de la marée. Ils abondent dans la région Sud des cantons de Thanh-tuy-thuong et Thanh-tuy-ha, région de Phuoc-an, Phuoc-thai et Ba-ky. D'aspect triste et monotone, avec leurs troncs raides et leurs maigres bouquets, ces forêts jouent cependant un rôle des plus précieux dans ces régions déshéritées, car elles maintiennent les berges des cours d'eau, empêchent l'ensablement de leur lit et la déviation des courants. Exploitées à outrance, ces forêts ont été fortement diminuées. Cependant elles occupent encore aujourd'hui des superficies assez considérables dans les régions ci-dessus indiquées. Le palétuvier fournit du bois de feu de première qualité, des perches pour les pêcheries, des colonnes pour la construction des maisons et, en abondance, un charbon très apprécié. L'exportation des bois de feu sur Saigon-Cholon donne lieu à un commerce important.

Le *cay-tram* que l'on trouve un peu partout le long des rachs, forme des peuplements drus et serrés, de dimensions moyennes. Il fournit un bois de feu excellent, des colonnes et surtout des pieux, appelés « cai-cong » qui sont très appréciés dans les travaux de fondation. Notons que le tram possède des qualités éminemment sanitaires : il absorbe les germes délétères des fièvres paludéennes qui se développent dans les régions marécageuses où il pousse.

Bambous. — Ils comprennent beaucoup d'espèces et de genres différents dont les plus utilisés sont les *tre gai da, lang nga*

Le défilé des pirogues devant les tribunes

nua, tam vong et enfin le *truc*, sorte de bambou menu et peu élevé. Ces graminés se rencontrent partout dans la province, mais principalement dans les cantons de Binh-lam-thuong et Thanh-tuy-ha. Nous avons parlé également de la « mer de bambous » au Nord d'An-binh. Les gros bambous sont utilisés comme charpentes des maisons indigènes. D'ailleurs, le bambou est par excellence l'arbre précieux pour l'Annamite et le Moï. Ils l'emploient à mille usages. Avec sa fibre découpée en lanières flexibles, les indigènes font des nattes « chieu liep », des claies, des corbeilles, des paniers grossiers. Macérée et réduite en pâte, son écorce sert à fabriquer du papier dit de Chine, employé uniquement par les indigènes. Les jeunes pousses soumises à la cuisson entrent aussi dans la cuisine annamite.

Les rotins ou rotangs (*calamus rotangs*) que l'on appelle aussi palmier grimpant ou palmier liane, abondent dans les jungles et fourrés épais où le soleil pénètre rarement. Les cantons moïs sont les plus grands fournisseurs de rotins. On en trouve aussi dans les cantons de Chanh-my-ha, Phuoc-vinh-ha et Binh-lam-thuong. L'exploitation en est assez difficile. Les marchés habituels sont Tan-uyen, Dong-mon. Le rotin est employé, généralement fendu en longueur, à la confection de toutes sortes de cordages, de liens et d'un grand nombre d'objets de vannerie et de meubles.

Lianes. — Plusieurs sortes de lianes se rencontrent dans les forêts de Bienhoa, dont quelques-unes fournissent d'excellents cordages ; d'autres contiennent des produits textiles ou tinctoriaux, du latex, etc...

Palmiers. — Le « dua-nuoc » (palmier d'eau, paillote) dont les feuilles servent à de nombreux usages, entre autres à couvrir les maisons et à confectionner des écopes pour embarcations. Le « la buong », latanier employé pour la confection des voiles en paillote (diem-buom), des parasols et des éventails ainsi que des roofs et des voiles de jonques. Avec des feuilles non développées, les indigènes font des chapeaux très fins désignés sous le nom de chapeaux de Long-thanh. Pour donner aux feuilles de « la buong » leur blancheur, les indigènes confient les jeunes feuilles qui ne sont pas encore orvertes, enlèvent les nervures et les exposent à un feu doux après les avoir trempées dans l'eau. Puis ils les frottent pour les polir avec des petits sacs de son (cam). Un autre moyen consiste à exposer les feuilles au soleil et à la rosée de la nuit. Les paillotes, ayant subi cette préparation sont coupées en lanières, puis cousues et transformées en chapeaux. Le « la ke » (genre latania). Lesfeuilles de ce palmier servant à faire des éventails et les toitures des maisons annamites. Le « cay mat-cat » (sorte d'aréquier sauvage poussant dans l'eau) dont les feuilles non développées sont utilisées pour faire des chapeaux portés seulement par les coolies.

Joncs. — Les espèces les plus connues sont : le « cay-lac », « cay-ban », « cay-den », « cay cam-nho », « cay-lung». Les joncs servent à fabriquer des nattes (diem, chieu). Les Annamites emploient de préférence le « cay-lac » pour les nattes que l'on met sur les lits de camp. Les nattes se vendent principalement au marché de Cho-don. Le « cay-ban » sert à faire des sacs et des nattes grossières sur lesquelles le paddy est mis à sécher. Le « cay-den », « cay-cam » donnent les nattes dépourvues de souplesse et de solidité. Les Moïs fabriquent de jolies « chieu » souples et résistantes en tressant ensemble le rotin « may-tao » et le jonc « cay-lung ». Ces nattes ne se trouvent pas dans le commerce.

Résines et huiles de bois. — On doit mentionner des oléo-résines produites par les diptérocarpées représentés par de nombreux genres et variétés dans les forêts de la province. Ces produits sont de deux sortes : *la résine*, fournie surtout par des Hopea (sao, sang) et les shorea (chay, sen, ca-chac, ven-ven) et *l'huile de bois* fournie en plus ou moins grande quantité par tous les arbres appelés en annamite « dau », mais surtout par le « dau con ray ».

Les résines sont des exsudations, soit naturelles, soit accidentelles, récoltées par les indigènes qui les utilisent comme mastic de calfatage, mais surtout pour la confection des torches. Ce produit pourrait être utilisé par l'industrie des vernis.

La récolte de l'huile de bois a lieu pendant la saison sèche, en pratiquant des entailles sur l'arbre et en allumant un feu pour l'exsudation. L'emploi de l'huile de bois se borne à la confection des torches, au calfatage et badigeonnage des jonques, au vernissage des jonques. Elle rendrait certainement de grands services en France pour la fabrication des vernis, enduits protecteurs, etc, etc,..

Charbon. — Il se fabrique dans les forêts des cantons de Phuouc-vinh-thuong et Phuoc-vinh-trung, aux villages de Tan-phong et Binh-thanh principalement. Les bois employés sont le cay co-ke, dê, com-nguoi.

Autres produits. — Miel et cire sont entièrement fournis par les forêts, les indigènes ignorant l'apiculture. On en trouve quelque peu à Binh-lam-thuong et Phuoc-vinh-ha.

Bois de teinture : ram, cay-sang, ca-chi, vo-vang lang.

Bois vénéneux : Vang-nghe-son, cu-chi (noix vomique).

Bois médiciaux indigènes : Dau trong, lan phat, cui-den.

Exploitation des forêts. — Les quantités de bois d'œuvre et de bois de feu sont considérables. Mais les conditions d'exploitation deviennent plus difficiles, maintenant qu'il n'existe plus de zone exploitable à proximité immédiate des points d'embarquement, chemin de fer et routes. Malgré ces obstacles croissants, le commerce de bois est toujours florissant et a attiré l'attention de grosses firmes puissamment outillées comme la Société « la Bienhoa industrielle et forestière », la Compagnie forestière indochinoise, etc, etc... dont nous examinerons l'activité dans la partie de cette monographie consacrée aux industries diverses.

L'exploitation a lieu en coupes réglées et en coupes libres. De plus, des permis de coupe dans les réserves sont délivrés suivant certaines règles, tant pour les bois d'œuvre que pour les bois de feu.

Les essences très diverses et possédant les meilleures qualités que l'on trouve dans les forêts de Bienhoa alimentent l'industrie de toute la Cochinchine et donnent lieu même à un petit

Bienhoa. — Course de pirognes sur le Donaï

mouvement d'exportation. Ce sont, par exemple, le « cam-lai », pour l'ébénisterie et la mesuiserie fine, le « cam-xe » pour le charronnage et les constructions de toutes sortes, les courbes et traverses de chemin de fer, le « go » très recherché pour beaucoup d'usages dans la construction, ainsi que le « sao », le « sen » ; le « trac » qui se prête très bien à l'industrie du tournage et de la sculpture, le « vap » pour la construction, la carrosserie, etc, etc...

La quantité de bois vérifiés par les soins du Service Forestier pendant l'année 1923 s'élève pour les bois d'œuvre, bois de feu ainsi que pour les coupes gratuites, à 180.000 mc. pour une valeur d'environ 700.000 piastres. On voit que l'exploitation est très active.

Action du Service forestier. — Les Réserves forestières. — Nous avons vu que l'immense domaine forestier de Bienhoa a été soumis à une dévastation séculaire et que, par là, la qualité des peuplements a été fortement diminuée.

Aussi le Service forestier déploie-t-il actuellement toute son activité pour faire cesser ce désastreux état de choses et pour améliorer dans la mesure du possible les forêts par une exploitation méthodique et par le reboisement au moyen de nouvelles plantations et de semis. Depuis 1901, le Service forestier a fait les plus grands efforts pour la création et l'aménagement des réserves forestières. En effet, la coupe libre a été reconnue des plus préjudiciables à la forêt, car elle constitue une sélection à rebours, les bonnes essences seules étant exploitées et les arbres sans valeur laissés sur pied.

Les résultats obtenus sont considérables. Les réserves délimitées et cadastrées sont créées par arrêtés du Gouverneur Général pour être soustraites à la coupe libre et aménagées en vue d'une exploitation rationnelle. Celle-ci est faite sous la surveillance constante et directe des agents forestiers qui désignent les baliveaux et porte-graines devant rester sur pied et les bois à abattre. La coupe libre a été maintenue pour tenir compte des habitudes et des besoins de la population, mais le service forestier s'est donné pour tâche d'amener peu à peu et sans à coup les exploitants dans les coupes réglées.

Nous avons déjà donné quelques chiffres sur la superficie des forêts réservées de la province. Le tableau ci-contre en donnera la liste.

(*VOIR page 112* le « Tableau des Réserves. »)

De nouveaux projets ont été présentés et déjà a eu lieu la reconnaissance des massifs de Tan-hoa (4.000 ha) au village de Dai-an, du Song La Nga (21.580 ha) dans le canton moï de Binh-tuy, de Tra-tan (6.207 ha) dans celui de Phuoc-thanh et de celui de Cam-my (4.410 ha) dans le canton d'An-vieng. Les arrêtés créant ces réserves ne sauraient tarder à être signés et la surface des forêts réservées s'élèvera à 83.700 ha. environ. La création de nouvelles réserves dans la région du haut Song Be devra également être envisagée plus tard, lorsque de nouvelles divisions auront été établies dans cette partie de la province.

CANTONNEMENT DE BIENHOA

État indiquant les Réserves au 31 décembre 1923

NUMÉRO du DOMAINE	NOM DE LA RÉSERVE	DIVISIONS	CONTENANCE	AMÉNAGÉES		LEVÉES	DATES des arrêtés de mise en réserve
				NOMBRE de séries	CONTENANCE	CONTENANCE	
8	Phuoc-cang	Bienhoa Trang-bom	5.905 Ha.	5 4	5.905 Ha.	5.905 Ha.	20-3-1893
»	Arboretum	id.	316	3	316	316	id.
9	Chanh-hung	id.	426			426	id.
10	Ly-lich	Tan-uyen	4.500			4.500	id.
11	Tri-an	Bienhoa	507			507	id.
12	An-linh	Tan-uyen	2.010	6	1.513.89	2.010	id.
13	Dong-thanh Sud	Trang-bom	2.435.96			2.435.95	id.
14	Dong-thanh Nord	id.	4.002			4.002	id.
43	Cam-duong	Phuoc-tan	1.290			1.290	20-7-1897
227	Culao-thanh Nord	Tan-uyen	2.250	2	572	2.250	4-9-1912
228	Nui-ong-Diem	Phuoc-tan	42			42	id.
229	Nui-ba-gop	id.	274	1	274	274	id.
241	Gia-ray	Chua-chang	3.693	2	936	3.693	30-5-1913
259	Binh-truoc	Bienhoa	660	2	345	660	10-12-1913
260	Tan-nhuan	Tan-uyen	2.797	2	673	2.797	id.
261	Ba-lang	id.	2.145			2.145	id.
327	Culao-thanh Sud	id.	1.042	4	1.042	1.042	12-1-1917
328	My-loc	id.	1.200			—	id.
329	Truong-vong	id.	1.500			—	id.
330	Bao-liet	Chua-chang	2.050			2.050	id.
371	Bao-luong	Phuoc-tan	1.857	3	1.857	1.857	27-5-1919
409	Tran-tao	Chua-chang	7.200	2	7.200	7.200	17-3-1923
			47.957 Ha.		20.628 Ha.	45.257 Ha.	

L'Arboretum de Trang-Bom. — C'est un massif soumis à des expériences culturales en vue d'obtenir des renseignements scientifiques permettant d'établir avec des éléments certains les meilleures règles de technique sylvicole à appliquer aux forêts de Cochinchine. C'est « un parc d'études forestières ». Situé près du poste forestier et de la gare de même nom, dans la réserve n° 8 et en bordure de la voie ferrée Saigon-Nhatrang, il a été choisi dans une forêt n'offrant aucun caractère particulier de peuplement, semblables aux peuplements moyens qu'on rencontre dans la région. Il est constitué par des arbres de tous âges et de toutes dimensions entremêlés sans que des arbres de même âge soient groupés. Il y existe, disséminées un peu partout, des taches totalement dépourvues de grands arbres où le massif est à l'état de gaulis ou de pas perchis. Ces taches sont d'anciennes clairières, en train de se repeupler. Le peuplement assez bon renferme beaucoup d'essences classées, parmi lesquelles dominent le chai et le dau.

D'une superficie de 316 hectares, l'Arboretum comprend trois séries d'exploitations ayant respectivement 116,105 et 95 hectares; il est entouré et sillonné par un réseau de route carrossable dont la longueur atteint environ 30 km. Chaque série est divisée en dix coupons annuels. Le traitement consiste en un jardinage cultural dont toutes les opérations et tous les résultats sont consignés sur un registre ad hoc.

La durée de la rotation est de dix ans. On exploite donc annuellement un coupon dans chaque série. L'exploitation porte sur les arbres dépérissants, mûrs ou tarés qui gênent les sujets plus attenants. Des plants pris en pépinière sont repiqués dans chaque coupon usé ; cette régénération porte chaque année sur une seule essence dans chaque coupon. En même temps au début de la saison des pluies, en d'autres places on sème des graines de même essence que les plants. La même année et l'année suivante, après la saison des pluies, on passe dans toutes les places repeuplées pour dégager les semis ou les plants introduits ainsi que les semis naturels des bonnes essences.

Une des principales opérations consiste dans l'établissement d'inventaires méthodiques répétés ayant pour but de fournir des renseignements sur le volume dont s'accroissent annuellement les peuplements. Ces inventaires comportant des mensurations précises sont établis dans chaque coupon sur deux ou trois parcelles d'un demi-hectare.

A ce parc d'études est annexée une pépinière très vaste et très complète où sont groupés des spécimens de toutes les essences indochinoises et de celles aussi dont l'acclimatement est tenté en Indochine. Cette pépinière est l'objet de soins méticuleux et constants et sa visite est des plus instructives pour la connaissance de la flore indochinoise.

Tel qu'il est l'Arboretum de Trang-bom est appelé à fournir des renseignements du plus haut intérêt qui permettent de déduire les lois de l'existence et par conséquent de l'exploitation des peuplements forestiers cochinchinois.

En concluant, on peut dire que l'action du Service forestier sur le développement économique de la province est prépondérante. Nous avons indiqué plus haut les réserves créées, les surfaces aménagées, les efforts accomplis avec succès pour restreindre la coupe libre, puisqu'il n'est pas possible de la supprimer complètement, et pour remplacer progressivement ce mode d'exploitation défectueux par la coupe méthodique. Sur de grandes surfaces du domaine boisé a succédé à l'exploitation désordonnée et irrationnelle la mise en valeur basée sur les règles de la sylviculture. Une foule de travaux ont été exécutés et notamment ces routes forestières qui facilitent l'évacuation des produits et les communications entre les villages et les hameaux. Ces travaux exercent une influence heureuse sur les progrès de la culture et rien n'est plus intéressant que de constater la mise en valeur qui progresse dans certaines parties de la région moï, jusqu'alors inaccessibles, en même temps que se développe l'action forestière proprement dite, grâce aux nouveaux chemins tracés.

DÉVELOPPEMENT INDUSTRIEL DE LA PROVINCE

On trouve à Bienhoa quelques grosses exploitations industrielles, tirant leur activité des forêts et des carrières de la province. Mais la liste en est brève alors que les ressources très diverses réparties sur son territoire pourraient permettre à beaucoup d'autres entreprises nouvelles de vivre et de prospérer sans difficulté.

I. — Exploitations forestières.
Industrie du bois.

Il faut citer l'importante Société « La Bienhoa Industrielle et forestière (la B. I. F.), qui est, à l'heure actuelle, la plus grosse entreprise industrielle de la province. Cette Société, créée en 1911, pour l'exploitation des richesses forestières de la régoin de Bienhoa possède en toute propriété aux cantons de Phuoc-vinh-ha, Phuoc-thanh et Binh-tuy, un domaine de 30.000 hectares.

Le dépôt de l'usine de la B. I. F. à Tan-mai

Pour l'exploitation de cet immense domaine, la Société a créé de nombreux chantiers dont le principal, situé à Ben-nom sur la rive gauche du Donaï, est relié au chantier de Trang-bom et à l'usine de Tan-mai par une voie ferrée (Compagnie française des Tramways du Donaï). L'importante usine de Tan-mai n'est qu'à 3 km. de Bienhoa. Elle comprend une scierie mécanique et un atelier de carbonisation des bois, avec les installations les plus variées réparties sur une superficie de 40 hectares. Le matériel mis en œuvre pour le fonctionnement de l'exploitation forestière, de la scierie mécanique et de l'usine de carbonisation représente une très grosse valeur (Une cinquantaine de kilomètres de voie ferrée, locomotives, wagons, ateliers de réparation, machines à vapeur, moteurs électriques, matériel spécial de carbonisation, etc...)

La production pour la période juillet 1922 à 1923 a été la suivante : 47.000 mc. de bois de feu, 11.000 mc. de bois d'œuvre, 5.000 mc. de bois ouvré.

L'atelier de carbonisation est actuellement en marche réduite (170 tonnes de charbon de bois pour la période correspondante et une centaine de goudron, fumée liquide, méthylène). Les sous-produits et dérivés du bois (acétone, acétate de chaux) manquant d'écoulement, leur fabrication a été également notablement ralentie. Elle était, en 1922, de 119 tonnes. Seule la scierie est en progrès marqué sur les années précédentes.

L'exploitation des chantiers forestiers et de l'usine nécessite un personnel nombreux. Le personnel européen comprend un directeur, un ingénieur chef d'exploitation, un chef mécanicien, un chef de scierie, un chef d'exploitation forestière et des surveillants de chantiers. Le personnel se compose d'environ 250 ouvriers à l'usine et à la scierie et 400 sur les chantiers forestiers ; en outre, la Société a à sa solde une quarantaine de coolies pour l'entretien de sa voie ferrée. Les bureaux du siège social sont à Saigon et la Société possède également un dépôt à Khanh-hoi.

Dans la partie orientale de la province, près de la frontière d'Annam, a été créée tout récemment une entreprise importante pour l'exploitation des bois : de chaque côté de la voie ferrée Saigon-Nhatrang entre les km. 113 et 129, c'est la Compagnie Forestière Indochinoise. Plusieurs scieries sont en cours d'installation, reliées entre elles et les chantiers forestiers d'une part la voie ferrée de Khanh-hoa d'autre part, par une ligne Decauville de 20 km. Le matériel déjà amené à pied-d'œuvre (machines à vapeur, moteurs électriques) dénote une entreprise de grande envergure. Une première scierie est installée à Suoi-kêt, au km. 113. Sa production moyenne sera de 30 mc. par jour. La deuxième scierie est en cours d'installation à Gia-huynh, (km. 128) et ne commencera à fonctionner que vers la fin de l'année 1924. Munie d'une puissante machine à vapeur, la production sera d'environ 20 mc., par jour.

Une importante scierie a été également installée à Cay-gao, sur la rive gauche du Donaï, un peu en amont des chutes de

Trian, par la Société Françon et Cie. Le matériel de moteurs et tracteurs utilisé permettrait une exploitation à gros rendement, mais l'évacuation des bois est rendu difficile, notamment en saison des pluies, car la seule voie utilisable est la route provinciale n° 12, le flottage au moyen du Donaï étant interdit par la barrière des rochers de Trian. Aussi la Société envisage-t-elle l'exploitation des forêts situées sur la rive droite du Donaï, au dessous des chutes, obtenant ainsi une vidange aisée des produits. L'exploitation des forêts de l'intérieur serait rendue possible grâce à l'établissement d'une voie ferrée Decauville, comme l'ont fait la Société la B. I. F. et la Cie Forestière Indochinoise.

Outre ces trois importantes entreprises, l'exploitation forestière à Bienhoa compte plusieurs petits chantiers dirigés par des Européens ou des indigènes. Il existe dans la province 45 scieries à bras appartenant à des Chinois ou à des indigènes, aux villages de Tan-vang, An-chu, Tan-hoi, Tan-uyen, Binh-phu, Binh-truoc, Tan-trieu-dong, etc.. La plus importante est celle du chef-lieu, Binh-truoc.

Carrières

Les carrières sont toutes à ciel ouvert. Leur exploitation est libre, avec la seule obligation pour les entrepreneurs de supporter tous les frais de réparation et d'entretien exceptionnels qu'entraînent leurs transports.

1° *Carrières de granit.* — Elles sont au nombre de 90 environ. Elles sont situées principalement aux villages de Bach-khoi, Binh-dien, Tan-lai, Binh-tri et Binh-thac. L'exploitation en est presque entièrement aux mains de Chinois travaillant pour leur compte. Ils détachent les blocs de granit avec de la poudre et les taillent ensuite avec des outils en fer.

Avec ce granit, rappelant par sa teinte bleuâtre celui de Bretagne, sont faits des tombeaux, des socles de colonnes de maisons, des machines à décortiquer le paddy ; il est également utilisé pour les constructions européennes. Concassé, il sert à l'empierrement des routes. La Municipalité de Saigon notamment s'est fait concéder aux villages de Hoa-an et Tan-ban trois carrières dont le cailloutis sera destiné à l'empierrement des rues de la ville. La production annuelle des carrières de granit est d'environ 95 à 100.000mc. de moellons, cailloutis, etc...

2° *Carrière de latérite ou pierre de Bienhoa.* — Cette pierre n'existe pas à l'état de roche. Nous avons vu qu'elle est un produit dérivé de l'argile rouge, c'est-à-dire de l'argile chargée d'oxyde de fer. Elle se forme dans la masse argileuse au contact de l'air ou de l'eau, ou bien encore lorsqu'on la soumet à la cuisson, comme c'est le cas pour les briques faites avec cette terre.

Les carrières au nombre d'une centaine se trouvent un peu partout mais particulièrement aux villages de Binh-da, Nhut-thanh, Long-dien, Phuoc-tan, An-loi, Binh-y, Tan-mai, Vinh-cuu, Phuoc-long, Phuoc-kien, etc...

Elles sont exploitées par les Annamites pour le compte d'entrepreneurs européens ou chinois. La pierre de Bienhoa est employée dans toute la Cochinchine pour certaines constructions (tombeaux, enclos, quais). Quant à la pierraille, elle sert à l'empierrement des routes et fournit d'excellentes chaussées.

Les carrières de latérite ont fourni environ 50.000mc. pendant l'année 1923.

Le *Schiste* est exploité aux environs de Dai-an.

Briqueteries et Tuileries.— Cette industrie possède une certaine importance dans la province et elle a fait beaucoup de progrès depuis ces dernières années. 24 briqueteries et tuileries existent actuellement.

La plus importante entreprise, en cours d'installation, est celle de la Société Franco-sino-annamite de céramique de Cochinchine qui a créé à Thien-quan, près du village de Dai-an, sur la route de Trian, au confluent du Rach-dong et du Donaï, une vaste briqueterie-tuilerie mécanique pourvue d'un matériel très moderne. Déjà est installée une machine à vapeur de 120 chevaux. La production quotidienne moyenne sera d'environ 6.000 tuiles et 40.000 briques.

Les briqueteries et tuileries du Donaï à Vinh-Cuu sont, à l'heure actuelle, celles qui ont la production la plus considérable (250.000 briques, 10,000 carreaux, 80.000 tuiles plates). Des Chinois ont trois briqueteries importantes à Long-binh. Deux Annamites en ont également fondé à Binh-truoc et à Tan-lai. Enfin une vingtaine d'autres briqueteries-tuileries, d'importance négligeable, existent dans diverses localités de la province.

Nous avons vu que la province renferme de nombreux gisements et kaolin.

Poteries.— Six poteries importantes existent actuellement dans la province, ainsi qu'un certain nombre d'autres tout à fait secondaires ; la principale est celle de Hoa-an. Cette industrie, très prospère, il y a quelques années, semble être en décroissance. Par suite d'un accord avec les Chinois de Cholon, les potiers de Bienhoa ont abandonné la fabrication des articles dits de Cay-mai. A l'heure actuelle, ils ne font plus que de la poterie grossière (jarre et bols à l'usage des indigènes), des briques, des tuiles et des carreaux, et aussi des bols pour recueillir le latex des hévéas en saignée. Le kaolin employé par les potiers est extrait aux villages de Tan-thien, Vinh-cuu, Tan-ba et Tan-vang.

Le Song-Bé à Phuoc-Hoa

Sucreries.— Nous en avons déjà parlé à propos de la culture de la canne à sucre. La province en compte une centaine, de peu d'importance et ne fonctionnant que pendant trois mois environ de l'année. La sucrerie européenne de My-duc ne fonctionne pas encore, mais semble susceptible, à en juger par ses installations, d'une production élevée. Celle de Phuoc-ly ne fonctionne que quelques mois dans l'année, alors qu'autrefois elle avait une certaine importance.

Pour extraire le jus de la canne, les Annamites se servent de cylindres verticaux en bois, mûs par des buffles. Au fur et à mesure que le vesou s'écoule des moulins, il est versé dans des chaudières montées en batterie. Lorsqu'une chaudière est pleine, on y met une certaine quantité de chaux et la défécation terminée, on le fait cuire immédiatement. La bagasse sert de combustible. Les manipulations sont en général très soignées et les fabricants obtiennent du beau sucre à grain ferme et brillant. Le sucre brun se vend soit en pots de 2 kg. environ, soit sous forme de tablettes noires. Dans l'île de Tân-triêu-dong, certains indigènes font du sucre candi qui peut rivaliser avantageusement avec celui des pharmaciens.

Distilleries. — Une distillerie d'alcool dirigée par un Chinois, est installée au chef-lieu. Elle donne environ 500 litres par jour, et la fabrication totale en 1923 atteint 450.000 litres. L'alcool est vendu dans les provinces de Bienhoa, Thudaumot, Baria et Gocong, concurremment avec l'alcool provenant des usines de Cholon.

Décortiqueries. — Une seule décortiquerie mécanique fonctionne actuellement à Bao-chanh et peut traiter en moyenne 1.200 kg. de riz par jour (matériel : un moteur à vapeur de 10 H.P.)

Fonderies. — Elles disparaissent naturellement devant l'industrie européenne, mais il subsiste encore une vingtaine de fonderies indigènes dans la province, notamment aux villages de Binh-thanh et de Nhi-hoa. On y fabrique des socs de charrue en fer, des cloches, des gongs et des marmites en cuivre.

Brosserie. — Un petit atelier de brosserie a été installé par un Européen ; M. Prévot, près du village de Phuoc-ly, utilisant comme matière première le chiendent qui foisonne dans la région de Thanh-tuy-ha. La production journalière d'environ 200 brosses et de 200 balais est écoulée à Saigon-Cholon.

Fabriques de Nattes. — Quelques fabriques de nattes tissées avec des feuilles de latanier et destinées à servir de voiles, se trouvent au village de Tan-van. Les produits très peu importants se vendent à Saigon-Cholon.

Ébénisterie. — Quelques ateliers, où la production est assez soignée, se trouvent à Cho-don. Quelques tourneurs de bois (cam-lai, trac) travaillent également à Hiep-hung et An-loc.

Construction de barques. — Pas mal de chantiers chinois ou annamites de construction de barques sont installés sur les rives du Donaï ; les plus importants sont à Tan-trieu-tay, Tan-ba et Phuoc-thien.

Vannerie. — Les paniers et vans se fabriquent presque partout mais plus particulièrement au village de Vinh-phuoc.

Chapellerie en paillote. — Les chapeaux en paillote se font à Long-thanh, Phuoc-tan et Vinh-phuoc pour les besoins purement locaux, sans donner lieu à une exportation sur les provinces voisines.

Industrie du Coton.— Au cours de cette année, un petit atelier de tissage de coton s'est installé au chef-lieu. Il compte une vingtaine d'ouvrières chinoises qui fabriquent, par mois, environ 3.000 mètres d'étoffe de qualité ordinaire qui sont vendus à Bienhoa et à Saigon-Cholon.

MOUVEMENT COMMERCIAL DE LA PROVINCE

Importations. — Les principaux articles importés sont les objets fabriqués européens de toutes sortes, les denrées fraîches ou en conserve, les boissons, etc ; pour les indigènes, les étoffes, le pétrole, les soieries, le thé de Chine, les papiers, pétards, allumettes, l'encens, le poisson frais ou salé, le nuocmam, le sel, le riz, etc, etc...

Exportations. — En premier lieu les bois de construction, les bois de feu, les charbons, les dérivés du bois, les huiles de bois, résines ; le caoutchouc; le coprah, l'huile de palme et d'arachide ; le café, le sucre, les ananas, les mangues, le bétel et les noix d'arec ; le tabac, le rotin; les objets en bois tourné, les vanneries, les nattes ; les jarres, pots à fleurs, bols, les briques, tuiles, carreaux, les moellons de granit, la pierraille de Bienhoa, les socs de charrue, cloches, gongs, marmites, moulins à décortiquer, etc, etc...

Pêche

La pêche fluviale n'occupe qu'une place très secondaire dans l'activité industrielle de la province. Elle se pratique sur le Donaï et les rachs qui le grossissent. Une centaine d'indigènes des villages de Phuoc-an, Phuoc-tan, Binh-quoi, Binh-truoc, Nhi-hoa s'y adonnent. Les poissons capturés sont le ca goc, ca chet, ca chem, ca duong, ca chia voi, ca-mao-êt, etc, etc...

Bienhoa .— La poissonnerie et le bac de Cau-ngua
(Au fond, la montagne Blanchy)

Chasse

La province de Bienhoa est très giboyeuse et sa réputation à ce sujet n'est plus à faire auprès des nombreux chasseurs de la Cochinchine. Si certaines régions, les plus anciennement battues, sont maintenant dépeuplées et sans intérêt pour le chasseur, l'extension ininterrompue du réseau routier de la province permet d'ouvrir d'année en année de nouvelles zones d'une richesse peu commune aux exploits cynégétiques des colons de ce pays et aussi des étrangers de passage que commence à attirer la renommée très justifiée de l'Est cochinchinois.

Les quelques détails que nous allons donner sur la chasse dans cette province nous permettront également de parler de la faune sauvage de ce pays dont la plupart des représentants font d'ailleurs partie du gibier recherché par les chasseurs.

Nous classerons cette faune par habitat, répartition naturelle, semble-t-il.

La forêt futaie et la forêt taillis (région forestière du Nord du Donaï) avec leur végétation inextricable, oppressante, ne laissent que peu de place à la vie animale. L'absence complète de pâturage éloigne les ruminants et seuls quelques grands cerfs noirs et des sangliers gîtent dans la forêt ; des serpents se traînent sur le tapis de feuilles et s'enroulent aux arbres ; des porcs-épics, des pangolins se cachent dans les forêts. Dans les ravins le plus reculés, les plus inaccessibles, le rhinocéros établit sa bauge. D'ailleurs, sa présence n'est plus guère signalée que dans la région des forêts et des marécages située à l'Est de la Nui Bara. Dans les taillis plus clairs, le cobaye creuse ses terriers, profondément ramifiés et dans les fonds humides se promène lentement la tortue de terre. L'ours noir, à rabat roux, dit ours à miel, autrefois remarqué dans les forêts de Bienhoa, semble aussi avoir disparu de cette région.

Dans la forêt clairière (région de la frontière d'Annam) où gîtent le chevreuil et le cerf-chevreuil, gambadent et sifflent les singes gris aux yeux cerclés de jaune, se disputant les tubercules ou les fruits qu'ils arrachent au sol et aux arbres.

Dans la brousse taillis (canton d'An-vieng, Thanh-tuy-thuong, Thanh-tuy-ha) se rencontrent par vols épais, les perruches criardes, les tourterelles, les corbeaux et les passereaux les plus variés qui se groupent autour des endroits habités, des champs de cultures qu'ils mettent au pillage. Les paons, les pigeons verts, les poules et coqs sauvages habitent les fourrés, les anciens rays et la bordure forestière des rivières. Le faisan se rencontre aussi, mais plus rare.

Dans les ravins humides ceinturés de halliers, gîte parfois le python monstrueux à la robe marbrée de noir et de jaune, ainsi que la tortue de forêt. C'est aussi la brousse taillis qui abrite les les fauves, grands et petits. Le tigre, la panthère, le chat sauvage habitent les hautes herbes des fourrés. Ils y attendent, à l'affût, le passage des cerfs, des sangliers, des paons, et aussi, mais rarement et seulement poussé par la faim, l'homme isolé qui ne peut apercevoir le terrible ennemi qui le guette.

La savane et le marais (Plateau de Cam-tiem, bassin de la Lagna) abritent aussi une vie intense, plus variée même que partout ailleurs. Ce sont d'abord les éléphants sauvages dont les pesantes caravanes parcourent lentement les étendues sans bornes, en quête de nourriture. Leur passage laisse après eux d'immenses traînées de brousse et de fourrés foulés par leur masse dévastatrice. Là aussi se trouve le « gaur » ou auroch au corps énorme d'un brun noir et aux grandes cornes dressées en croissant. Féroce et brutal, il est aussi plus redouté du Moï que le tigre, car il charge et piétine tout être vivant sans provocation. Le buffle et le bœuf sauvage fréquentent aussi ces régions, mais ils évitent leur puissant voisin. Ils paissent, le jour, par couples ou par troupeaux et, le soir venu, ils vont ruminer à l'abri des fourrés de bambous.

Les élans roux se rencontrent aussi par hordes inquiètes ainsi que deux variétés de cerfs (con nai et con ca-tong) et deux espèces de chevreuils (con huu et con mang) qui recher-

Chasseurs français et leurs rabatteurs Moïs

chent l'herbe fine et drue des prairies bien arrosées. Le sanglier, l'agouti, le lièvre, peuplent aussi ces régions, à la lisière des bois et dans les parties plus boisées. Au bord des marais et sur les bancs découverts des cours d'eau se trouvent le caïman et la grande tortue d'eau, ainsi que l'iguane et le crocodile plus rare, mais qu'on rencontre dans le Song-Be et le bas Donaï.

Dans les marais vivent les oiseaux aquatiques les plus divers : grands échassiers gris et blancs qui se réunissent par bandes ;

crabiers, plongeurs et quelques pélicans peuplent les eaux vaseuses des berges. On rencontre aussi par vols épais les aigrettes d'un blanc de neige, les grandes grues angigones et les adjudants.

Les plaines de tranh et les bambouseraies abritent aussi une nombreuse gent ailée : canards et coqs sauvages aux plumes richement coloriées, poules sultanes noires au bec rouge, dont le cri rauque et triste résonne à l'aube et au crépuscule, des perdrix, des cailles, des vanneaux, des bécassines, des tourterelles et de nombreux pigeons de toutes couleurs. Dans les prairies marécageuses et dans les bas fonds des forêts, le serpent vert, le serpent corail, le serpent bananier, la vipère brune à plaques noires, de nombreuses couleuvres se glissent sur le sol, particulièrement nombreuses au début des pluies.

Il faut citer encore ces petits animaux qu'on ne peut d'ailleurs considérer comme gibier, mais dont la mention complète l'énumération de la faune de la région de Bienhoa, tels que le chien sauvage, le chat-tigre, le renard-coyote, le porc-épic, la tortue, la belette (con chôn), le rat palmiste et de nombreuses espèces de rats et de souris. Parmi les oiseaux, nous nommerons l'aigle rouge, le vautour, la buse, le faucon, le corbeau, la pie, l'hirondelle et le moineau, l'engoulevent, hôte habituel des routes et sentiers ainsi qu'une foule de merles et d'étourneaux.

Les batraciens abondent dont la grenouille comestible et de nombreux crapauds, notamment le crapaud buffle à l'appel sonore. Les insectes hostiles ne manquent pas dans les sous-bois humides et marécageux, sans parler des moustiques qu'on retrouve partout, ce sont les araignées et plusieurs espèces de scorpions parfois très vénimeux. Enfin, la sangsue dont on rencontre deux ou trois espèces et qui, très incommode pour le voyageur, occasionne, par sa morsure, des ulcères souvent difficiles à guérir.

Les lieux de chasse sont nombreux dans la province de Bienhoa. Citons plus particulièrement la région du Plateau de de Cam-tinh sur la route de Xuan-loc à Baria, quelquefois dénommé plateau des « Con minh » à cause de la présence, autrefois, de nombreux aurochs (con minh), devenus aujourd'hui beaucoup plus rares. Ce plateau est encore très giboyeux en cerfs et chevreuils. Le bassin de la Lagna est le théâtre habituel pour les Cochinchinois de leurs chasses aux buffles et bœufs sauvages.

Le tigre et la panthère se trouvent un peu partout dans la région forestière et la brousse de bambouseraies et de tranh. La région de Tan-uyen, et plus au Nord les abords de la route de An-binh à la Nui Bara sont également très fréquentés par les chaseurs. Les environs de Long-thanh (région située entre Daugiay et Phuoc-loc) sont aussi particulièrement giboyeux.

La chasse se pratique en charrette et, quand cela est possible, en automobile, de jour et de nuit. La chasse à la lanterne est extrêmement répandue aussi. Mais les conditions en sont d'année en année plus difficiles, le gibier devenant plus rare et s'écartant des routes ; il est donc nécessaire de gagner maintenant l'épaisseur de la forêt et de la brousse pour retrouver en abondance un gibier intéressant.

Moïs Rô préparant un prège à tigre

La chasse indigène est des plus curieuses à suivre. Annamites et Moïs s'y livrent avec passion. Mais comme le port des armes à feu ne leur est autorisé qu'exceptionnellement, ils utilisent le plus souvent les armes blanches les plus diverses, flèches, lances, sagaies, dont la blessure est rendue mortelle par le poison répandu sur la lame. Armés de ces engins primitifs, ils attendent à l'affût le bœuf, le buffle ou le cerf et même le tigre ou la panthère, pendant des heures, immobiles comme l'arbre au pied duquel ils sont tapis, à l'abri des bambous et des herbes. Souvent ils se servent d'appât, chèvre ou porc, pour attirer la proie, et l'enferment même dans de solides cages à trappe constituant le meilleur des pièges. Ils utilisent aussi la fosse, avec pieu d'empalement, soigneusement dissimulée sous une couche légère de branchages et de feuilles. Parfois la chasse au filet est pratiquée pour la capture d'animaux de petite taille, chevreuils, agoutis et, en général, le gibier à plumes. La destruction des fauves est d'ailleurs récompensée par des primes administratives en argent, assez élevées, et les dépouilles, notamment celles du tigre et de la panthère sont recherchées et se vendent fort bien à Saigon.

TOURISME

La province de Bienhoa offre un grand intérêt au point de vue touristique, tant par la beauté et la variété de ses sites que par leur facilité actuelle d'accès. Son réseau de routes excellent et très étendu met à quelques heures de Saigon des régions, tout à fait différentes de l'Ouest et du Centre cochinchinois, constituant la zone de transition entre la plaine du delta du Mékong d'une part, les contreforts méridionaux de la Chaîne Annamitique, et les plateaux élevés du Langbian d'autre part. Ce n'est plus l'uniformité des provinces occidentales, riches mais monotones, celles que l'on évoque naturellement lorsqu'on parle de la Cochinchine, mais bien des territoires accidentés, boisés, où chaque vallée, chaque pli de terrain a sa physionomie particulière, bien différente de l'interminable et plate rizière sillonnée de rachs et de canaux.

Divers moyens de transport : routes, chemin de fer, fleuve, permettent de parcourir ces régions dans des conditions de rapidité et de confort très suffisants.

Le point de départ des excursions peut être *Saigon*, qui n'est séparé de Bienhoa que de 30 km. environ (trois quarts d'heure en auto, 1 heure par chemin de fer). Des services publics d'autobus existent entre ces deux villes et les trains sont également fréquents. Ce peut être aussi *Bienhoa* où est installé un bungalow dirigé par des Européens de façon satisfaisante, tant au point de vue du logement qu'à celui de la nourriture.

Le bungalow de Bienhoa est d'ailleurs un but de promenade habituel pour les Saigonnais, le dimanche après-midi, vers l'heure du crépuscule. La beauté du site, notamment au passage du Donaï, est alors rehaussée de la magie des teintes les plus délicates et les plus rares qui se puissent imaginer et c'est un spectacle vraiment grandiose que celui de l'immense nappe du fleuve irradiée de toute la gloire d'un magnifique soleil couchant. C'est à chaque minute une fusion d'ombres et de couleurs, une transformation à vue d'œil du paysage que l'on a devant soi. Aux ors, aux verts et aux pourpres les plus éclatants succèdent des mauves et des violets d'une nuance particulière à ce pays ; puis tout s'assombrit en bruns et bleus noirâtres, véritables teintes d'eau-forte, où percent çà et là quelques traînées rougeâtres. Non moins admirable est aussi la vision d'un ciel d'orage assemblant ses nuées au dessus du Donaï et de ses rives recueillies dans un calme profond.

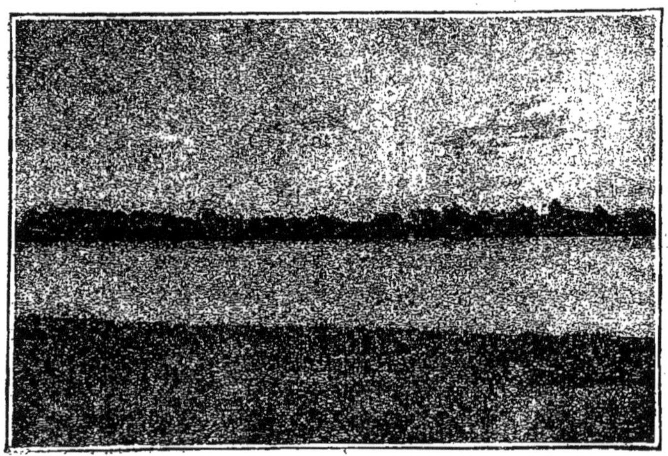

Coucher de soleil sur le Donaï à Bienhoa

1er ITINÉRAIRE : *Vers l'Annam.* — C'est par la route coloniale n° 1 que l'on pénètre dans le territoire de Bienhoa, en venant de Saigon et Giadinh. Après avoir gravi par de nombreux lacets les plateaux de Thuduc, on accède, au point culminant, à un carrefour encadré de sao géants, d'où la vue embrasse toute la basse vallée du Donaï. A l'horizon, par temps clair, le regard porte jusqu'aux montagnes du Cap et au massif de Baria, et plus loin encore au Nord jusqu'au cône de la Nui Chua-chan. C'est ici que nous pénétrons dans la province de Bienhoa. De là par une belle ligne droite de 5 km. la route gagne la rive du fleuve à travers la plaine semée de rizières, coupée de haies de bambous, de bosquets de cocotiers, d'aréquiers et de manguiers. Après avoir dépassé sur la droite les collines touffus de Châu-thoi et la montagne Blanchy, la route traverse le village de Binh-long. Puis elle rejoint la voie ferrée et franchit par deux ponts la majestueuse coulée bleue et calme du Donaï, en empruntant la grande île fertile de Culao-Pho dont elle coupe l'extrême pointe Ouest. Remarquons au passage de cette île, encadrée d'un majestueux bouquet de grands arbres, la pagode de Nhi-hoa, célèbre dans toute la Cochinchine orientale et où des cérémonies annuelles groupent bonzes et fidèles en foule. Puis on atteint la ville de Bienhoa, cachée dans la verdure, en avant de mamelons bas et boisés.

Laissant la ville sur notre gauche, nous continuons par la route coloniale n° 1 vers la frontière d'Annam. Quelques rizières, au sortir de Bienhoa, puis nous accédons tout de suite par un plateau de faible pente à la brousse taillis coupée çà et là de plantations d'hévéas. Dépassées les vastes installations de l'Asile de Bienhoa, nous pénétrons brusquement dans la grande forêt. Elle dresse comme une double muraille, de chaque côté de la route, ses hautes futaies sombres et d'aspect impénétrable avec leur inextricable sous-bois de lianes et de bambous rompu seulement çà et là par quelques sommières. Triste déjà, cette nature semble particulièrement oppressante et hostile, le soir, à la nuit tombante, à l'heure où le calme profond de cette solitude n'est troublé que par l'appel mélancolique du « chim-vuon ».

Pendant près de 25 km, la forêt ne nous quitte plus. Admirons au passage le site fort bien choisi dans lequel a été élevé le monument aux Forestiers de Cochinchine morts à la Guerre. A Trang-bom, la forêt s'écarte devant une vaste clairière occupée par un chantier de la Société la B. I. F. où aboutit la voie ferrée, et par quelques vastes cases sur pilotis. Le sol commence alors à s'accidenter de faibles ondulations successives, creusées par les nombreux suois de la forêt, et que la route épouse exactement, franchissant le thalweg sur de beaux ponts de béton armé qui viennent de remplacer les anciennes passerelles en bois.

Au delà d'une vallée plus profonde encadrée de beaux pâturages verdoyants sur le fond sombre de la forêt, paysage ressucitant curieusement dans ce coin de Cochinchine certaines combes du Jura, on pénètre dans la région des terres rouges et des grandes plantations : Suzannah, An-loc déploient sur plus de 12 km, de chaque côté de la route, leurs interminables rangées d'hévéas, leurs palmiers, leurs caféiers. On a l'impression, devant cette végétation minutieusement entretenue, de suivre une allée de parc ou de jardin botanique.

De nouvelles croupes herbeuses se dégagent de l'horizon. Dans le lointain, vers le Sud, les derniers contreforts bas des massifs annamites, des pointes de hauteurs boisées qui forment le relief de la contrée sur Baria et la côte.

Chantier forestier à la frontière d'Annam

A Xuan-loc (45 km. de Bienhoa, 80 km de Saigon), la route oblique vers le Sud et traverse la voie ferrée à hauteur de la gare et de la localité du même nom, centre d'une grosse exploitation forestière : les billes de bois sont empilées en bordure de la voie, au milieu des taillis éventrés ; des portiques spéciaux sont construits pour leur chargement, au dessus des rails. Un kilomètre environ après Xuan-loc, un carrefour ; la route d'Annam fait un coude brusque reprenant sa direction primitive vers l'Est et laissant à sa droite la pittoresque route sur Baria (2e *tronçon de l'ancienne route Chesne).*

La forêt nous reprend; mais avant d'y pénétrer, on distingue, au dessus de la voûte des arbres, la silhouette puissante de la Nui Chua-chang, gros massif montagneux séparant le versant maritime direct de celui de la Basse Lagna. La forêt est ici splendide, toute peuplée de « bang-lang » surtout au passage de la réserve de Bao-liet. A un détour de la route, l'œil est retenu par une clairière, traversée au premier plan d'un joli ruisseau aux eaux bondissantes et bordé d'arbres majestueux ; dans le fond, la corne méridionale de la Nui Chua-chang revêtue des pieds à la tête de la végétation la plus dense, la plus luxuriante qu'on puisse imaginer. L'ensemble compose un tableau des plus harmonieux fait au plus haut point pour tenter le crayon d'un artiste ou l'objectif d'un photographe.

Après avoir laissé, à notre gauche, la route de la Délégation de Nui Chua-chang et de Giaray, ainsi que celle récemment ouverte vers Vodat, nous nous enfonçons à nouveau dans la forêt. Des collines boisées surgissent, nombreuses maintenant, au dessus des futaies ; des ruisselets circulent partout, et les premiers bouquets de lataniers se mêlent aux bambous et aux lianes en épais fourrés ; magnifiques, leurs éventails gigantesques, d'un vert éclatant, tranchent sur le fouillis inextricable du sous-bois. Quelques lacets encore, une descente assez rapide, et au km. 108 + 645 le deuxième pont sur le Suoi Gia-huoi.

Trois à quatre heures d'automobile suffisent pour faire, à une allure modérée, cette très intéressante excursion.

2e Itinéraire : *De Giaray à Vodat.* — Ce n'est qu'à partir de 1925 que l'excursion sur Vodat (112 km. de Saigon) et la plaine de la Lagna pourra être effectuée en toute saison. A l'heure actuelle, la route locale n° 3 n'étant empierrée que sur les premiers kilomètres, est praticable seulement en saison sèche. Elle est bien connue des chasseurs saigonnais, depuis sa création qui remonte à trois ans environ. Elle part de la route coloniale n° 1 au km. 93 environ (de Saigon). 32 kilomètres séparent ce point de la colline basaltique appelée Nui Con-soh, où aboutit actuellement la route, non loin de la rive gauche de la Lagna.

Cette route se déroule entièrement à travers des bois composés de quelques hautes futaies, mais surtout de taillis et de brousse. Après avoir laissé à notre gauche la pittoresque Délégation de Chua-chan, grande et confortable demeure en bois entourée d'un beau parc au pied de la montagne, et dépassé les quelques bâtiments administratifs voisins, nous traversons la voie ferrée et nous nous engageons dans la forêt réservée de Giaray. Après le passage du Suoi Gia-huynh, la monotonie de la route est rompue par de nombreux mouvements de terrains.

Par lacets successifs on atteint la Nui Con-soh. Un sentier mène à l'étroit plateau qui la couronne et où est installé un vaste châlet en bois à étage, bâtiment principal de la nouvelle Délégation. Le rebord septentrional du plateau se termine brusquement en falaise surplombant d'un à pic d'une centaine de mètres la plaine environnante. Un étroit belvédère a été aménagé à cet endroit, d'où l'on découvre un horizon magnifique.

Groupe de Moïs à Giaray

Le regard, sans obtsacle à l'altitude où nous sommes, porte à plus de 30 km. à la ronde. Devant nous, le bassin de la Lagna s'étale au loin en vaste demi-cercle aride et inculte, inondé en hiver par les crues de la rivière, d'une sécheresse accablante en été. Rien n'y pousse hormis le tranh en vagues épaisses et quelques bouquets de lentisques, de roseaux et de bambous. Quelques bois aussi forment galerie le long des suois, ainsi que sur les rives de la Lagna et du Donaï. A l'Ouest, c'est la région boisée et marécageuse de Gia-canh et de Cao-can, d'où émergent çà et là quelques pitons, image frappante de kopjes transwaaliens, tels que la Nui Da, la Nui Dong-bat. Au Nord et à l'Est, au delà de la Lagna dont on aperçoit à peine le filet d'argent, au delà du Donaï plus lointain encore, s'élèvent les derniers contreforts du Plateau central. Leurs chaînons parallèles et assez élevés surgissant de la masse sombre des forêts qu'on distingue à leur pied, font un beau cadre à ces savanes désolées où les véritables maîtres du sol sont, bien plus que les quelques Moïs des bords de la Lagna, les buffles et les éléphants en troupeaux que l'on aperçoit fort bien avec la lunette installée au poste de Vo-dat, errant à travers ces solitudes.

Parc de chasse magnifique à l'heure actuelle, cette région est appelée à devenir d'une richesse incomparable, quand des travaux d'irrigation appropriés en auront fertilisé le sol. 25.000 ha. de ce bassin ont d'ailleurs été concédés à la Société des Sucreries et Raffineries de l'Indochine qui compte y développer la culture de la canne à sucre. Le programme très important des travaux envisagés n'a d'ailleurs pas encore reçu d'exécution.

La route locale n° 3 n'est construite actuellement que jusqu'à la colline de Vo-Dat. Elle doit se poursuivre d'après le plan de campagne en cours d'exécution jusqu'à Toulane (Talay) sur la rive gauche du Donaï où elle rejoindra la route locale n° 13 venant de Honquan et Chonthanh à travers la région forestière de Binh-cach et de Thuan-Loi. Elle doit franchir la Lagna, à 5 km. environ au Nord de Vodat, par un pont d'au moins 150 m. Des remblais considérables seront nécessaires pour permettre d'abriter la route, par une chaussée élevée, des inondations périodiques de la rivière dans tout son bassin inférieur.

Cette route ouvrira la région accidentée et boisée de Tanthuan et de la boucle de la Lagna, dans le canton de Binh-tuy dont les peuplements forestiers, de toute beauté, ne peuvent être exploités, les rapides du Donaï et de la basse Lagna interdisant l'évacuation des coupes par flottage.

Il est probable que, plus tard, cette route sera encore poursuivie plus au Nord pour rejoindre au delà de la D.Gloun (moyen et haut Song-Bé) la route coloniale 14.

Ascension de la Nui Chua-chan (803 m.).—Il faut y consacrer une journée, de préférence en saison sèche, afin d'éviter le désagrément réel des sangsues qui pullulent sur le sentier de la montagne à l'époque des pluies, et ausssi pour ne pas risquer de voir obscurci ou même complètement dissimulé par le brouillard le magnifique panorama que l'on découvre du sommet de la Nui Chua-chan.

L'ascension peut se faire à pied ou à cheval, mais de bon matin, ou tard dans l'après-midi, car la fatigue de l'ascension est ici décuplée par la chaleur, très pénible dans la journée. Elle dure environ trois heures par le sentier principal dont la longueur jusqu'au sommet atteint une dizaine de kilomètres ; mais des raccourcis existent permettant d'abréger notablement le trajet. Sinueux,encombré de rochers et de buissons,ce sentier s'accroche au flanc de la montagne, épousant les moindres accidents de son relief. Il se déroule entièrement sous les arbres dont le manteau épais revêt la Nui Chua-chan des pieds à la tête. De temps à autre une trouée dans la verdure permet de jeter un coup d'œil sur l'océan de végétation qui se déroule au loin dans la plaine. Le sentier d'abord monotone devient pittoresque vraiment. D'énormes blocs granitiques s'accrochent aux flancs de la montagne mêlés à des coulées de lave qui témoignent de l'origine volcanique de la « Nui », comme d'ailleurs de la plupart des montagnes et collines de la Cochinchine, qui sont d'anciens cratères plus ou moins noyés dans la masse alluvionnaire du delta du Mékong. A la saison des pluies, mille cascades ruissellent sur les pentes de la montagne coupant parfois le sentier et l'accès du sommet.

Aux deux tiers de la hauteur, on rencontre une grotte naturelle, qui servait autrefois de pagode et à peu de distance, dans un repli de la montagne, sort un ruisseau d'eau limpide qui est la source du Gia-leu, un des derniers affluents de gauche de la Lagna.

Enfin, on parvient au triple sommet de la « Nui » ; le sentier se dirige vers celui de droite, en forme de cratère, d'où la végétation forestière a disparu pour faire place aux plantations de la Station agricole : caféiers, cacaoyers, théiers et aussi un vaste champ de fraises soigneusement entretenu. On trouve non loin de là une maisonnette en bois où s'abritent les Européens de passage et quelques paillotes pour le personnel de la Station.

De ce point, lorsque l'atmosphère est limpide, on a une vue fort étendue sur la région moï de Bienhoa. De tous côtés, c'est le déroulement sans fin de la forêt, avec çà et là la trouée des clairières et la tache plus claire des plantations d'hévéas. A l'horizon, au Sud, les cinq collines du Cap et la ligne indécise de la mer. Plus près le massif des Nui Dinh et Nui Thi-Vay, sur le territoire de Baria, dresse un vaste bastion d'une altitude de 4 à 500 mètres au dessus de la plaine. Puis, c'est, au Nord, à une vingtaine de kilomètres environ, la large boucle décrite par la Rivière Lagna avant de confluer avec le Donaï que dissimule au loin le sombre rideau des forêts de Binh-thuy.

Sur une étendue de 60 à 80 km., il n'y a d'autre mouvement de terrain que la petite colline de Vo-dat. Mais, au delà, on aperçoit une première ligne de montagne derrière laquelle se profile une chaîne plus élevée que la perspective fait paraître parallèle à la première. La plus rapprochée est la chaîne des collines de Krong-tut (Krontuc) aux environs de Mipou. Au delà de la Da Oué, dont la vallée est masquée par la première chaîne, c'est l'autre massif sur lequel se détache l'aiguille de Lu-mu est le mont Tion-lay.

Le coup d'œil à l'Est est en partie masqué par les deux autres sommets de la Nui Chua-chan, mais on peut distinguer à l'horizon la ligne bleuâtre de quelques sommets, sentinelles avancées du Plateau central (Nui Ta-ban, Nui Ca-tong, sur la frontière de la Cochinchine et de l'Empire d'Annam.)

3e Itinéraire: *Circuit de Bienhoa à Xuan-Loc,Baria et retour à Bienhoa.* (Circuit : 175 km. — De Xuanloc à Baria : 55 km). — Nous venons de décrire la partie de cette route comprise entre Bienhoa et Xuanloc; nous avons également dit quelques mots de la route de Xuanloc à Baria aux pages 13 et 97 de cette monographie.

Elle mesure environ 25 km. sur la province de Bienhoa et traverse la portion centrale de la zone des terres rouges de la province et plusieurs plantations importantes se trouvent sur son parcours. Elle a ouvert la région de très grand avenir de la province, où, à côté de celle de l'hévéa, la culture de l'Elaeis a été tentée avec succès où de vastes plaines bien ventilées offrent également des conditions tout à fait favorables à l'élevage du bétail.

Avant d'atteindre le plateau de Cam-tiem, la route traverse de jolis vallons boisés dominés par quelques collines (Nui Daurieu, Nui Chlem); puis après la plantation de la Société de

Xuanloc, elle traverse en ligne droite un premier plateau herbeux et déboisé d'où la vue s'étend au loin jusqu'aux montagnes de Cau-thi-vay et de Baria, A droite de la route, nous remarquons au passage un pavillon de chasse de la province, construit avec l'ancienne tribune du champ de courses de Bienhoa. Quelques kilomètres plus loin, la route s'enfonce brusquement dans une gorge profondément encaissée, aux mille cascades chantantes sous la verdure, puis remonte par une rampe prononcée sur le plateau de Cam-tiem. De là elle gagne par une pente insensible, la plaine de Baria et le chef-lieu de cette province (km 54.600), (excellent bungalow), où on retrouve la route du Cap (Coloniale n°15), dont nous décrirons plus loin le parcours sur le territoire de Bienhoa.

Le Donaï aux chutes de Trian (Basses eaux)

4ᵉ Itinéraire : *De Bienhoa à Baria.* (*71km*). — C'est la Route coloniale n°15 de Saigon au Cap que nous suivons (la plus connue des touristes de la Cochinchine). Elle se sépare de la route d'Annam un kilomètre environ après Bienhoa. Assez accidentée, elle traverse les paysages les plus variés. Après avoir dépassé la plantation provinciale et la plantation Crespin qui s'agrémente d'une pittoresque case sur pilotis, on cotoie à Tan-mai les vastes usines de la B. I. F. puis la route descend par un lacet rapide vers la vallée du Rach Ba-son qu'occupent de vastes rizières. Vers Binh-an on entre dans la forêt, faite d'épais taillis et de fourrés de bambous dont les tiges en longs jets se courbent au dessus de la route. Elle s'interrompt un peu plus loin, au carrefour de la route de Bengo. Les plantations d'hévéas se succèdent le long de la route ; puis cèdent à nouveau la place à la forêt, vers le pont du Song La Buong. De nombreux défrichements sont d'ailleurs commencés le long de la route, emplacement futur de nouvelles plantations. La route s'accidente à nouveau vers Phuoc-tan, où l'on admire au passage le poste forestier et ses énormes flamboyants centenaires. Après le carrefour de la route de Tam-an et les marais de Nuoc-trong, la route entre en ligne droite dans la plaine, bordée de chaque côté par les importantes plantations d'hévéas de la Souchère. Pendant près de 6 km., on remarque leurs haies de bambous et de loin les larges avenues séparant les divers quartiers du domaine. Au bas d'une côte enfouie dans les arbres, c'est le village et le marché de Long-thanh (Km. 58 de Saigon).

Laissons à droite la Route provinciale n° 17 vers Phuoc-ly et le Donaï, future voie de communication entre Saigon et le Cap, lorsque le bac de Cac-lai sera amélioré, et franchissons le pont du Rach Dong ; nous pénétrons alors dans une région de savanes marécageuses, sans arbre, sans végétation, presque désertes : c'est la plaine de Long-thuan, ancien lit du Donaï, où l'on ne rencontre guère que quelques buffles à la recherche de maigres pâturages et des vols bruyants de corbeaux.

La forêt plus belle et plus dense nous reprend vers Cau-thi-vay où l'on pénètre dans la province de Baria, au km. 76 de Saigon et à 30 km. environ de ce chef-lieu.

5e Itinéraire : *De Bienhoa aux chutes de Trian et à Cay-gao* (44 km. de Bienhoa). — Il faut entrer dans la ville de Bienhoa et prendre, en venant de Saigon, la deuxième rue à droite qui longe la citadelle. Au sortir de Bienhoa, la route monte aussitôt vers le plateau de Binh-thanh, où est installé le camp d'aviation de l'escadrille n° 2. On passe entre les hangars et le quartier des pavillons où demeure le personnel de l'escadrille. Laissant à gauche au village de Binh-y la route qui mène à l'important marché de Benca, nous continuons vers le village de Binh-thanh où trois routes se présentent. Continuons par celle de l'Ouest qui rejoint en ligne droite la rive du Donaï, à travers une plaine fertile où la rizière se mêle aux jardins d'aréquiers, de manguiers, de bananiers, ainsi qu'aux plantations de canne à sucre et de maïs. Quelques champs de tabac aussi autour des hameaux de Tan-hien et de Tan-phu.

La route gravit ensuite une colline de la crête de laquelle on découvre une vue étendue sur les deux rives boisées du Donaï. Une descente rapide nous mène ensuite au vallon encaissé où le Rach-Dong vient se jeter dans le Donaï. Du pont qui franchit la rivière, on peut admirer les méandres de cette jolie rivière s'enfonçant au loin sous la voûte épaisse d'une végétation magnifiquement luxuriante. Au km. 18 la

Un bras du Donaï près de Bengo

route s'accidente à nouveau sur la pente de la Nui Tandinh. On cotoie plusieurs plantations d'hévéas. Des passerelles franchissent les nombreux suois qui viennent alimenter le Donaï.

Au village de Dai-an on pénètre dans la grande forêt peuplée des plus belles essences. Par lacets successifs la route atteint enfin au 28e km. le petit plateau où est installé le bungalow de Trian. C'est, précédé d'une cour, un coquet pavillon dans le style indigène, où ont été aménagées quelques chambres et une salle à manger. Les difficultés de ravitaillement, provenant du manque de moyens de transport rapides entre Trian et Bienhoa obligent d'ailleurs les excursionnistes à apporter eux-mêmes leurs provisions. Mais ils trouvent à leur disposition de la vaisselle et un service de table ainsi que quelques rafraîchissements vendus par le gardien. Des terrasses successives mènent au belvédère, soutenu par les racines d'un énorme banian, d'où l'on domine à pic les chûtes véritablement grandioses à cet endroit. Là on peut déjeuner et se reposer, à la fraîcheur de l'eau bruissante, dans le décor splendide de la forêt qui enserre le fleuve de tous côtés. On peut aussi par des allées sinueuses, par des escaliers rustiques, gagner le sous-bois ravissant en amont du Donaï, ou descendre à la saison sèche, jusqu'aux énormes bancs rocheux qui encombrent le lit du fleuve de leurs blocs polis et glissants.

Dans la même journée, on peut gagner, à une quinzaine de kilomètres au delà en remontant la rive droite du Donaï, le village Cay-gào, à travers une immense réserve forestière plus belle encore que celle déjà traversée, dite de Tan-hoa.

A Cay-gao est installée une scierie assez puissante aux bords du Donaï, dans un site ravissant. Le Donaï est redevenu navigable, depuis le Suoi Sao un peu en aval de Cay-gao et on peut le remonter en canot automobile ou en pirogue jusqu'à Toulane, à la frontière de l'Annam. Parallèle au fleuve et suivant le tracé de l'ancienne piste amenant à Tan-Linh, la route est en construction vers Ben-nom, vaste chantier de la B.I. F. à une dizaine de kilomètres en amont. L'automobile ne peut être utilisée plus avant, mais on peut continuer en charrette à travers une région accidentée et pittoresque où les agglomérations moïs se rencontrent assez nombreuses, surtout autour du plateau de Tut-Trung.

6e Itinéraire : *De Bienhoa à An-binh* (67 km.). — C'est l'excursion la plus originale et la plus intéressante parmi celles déjà citées. Elle peut être faite facilement dans la journée, mais il faut partir de bonne heure si l'on veut pousser au delà d'An-Binh, partie du trajet où la route est en construction.

Deux itinéraires s'offrent pour la première partie de la route, jusqu'au marché de Tan-uyen, situé à l'endroit où le Donaï venant de l'Est fait un coude brusque vers le Sud.

Le premier, par la rive gauche du Donaï, abrège le trajet de 8 km. environ ; mais,en réalité, il n'y a aucun gain de temps, car il faut traverser le Donaï par un bac rudimentaire et assez lent. Cette première route par Benca et Binhloi traverse de jolis paysages fertiles et très variés d'aspect. Le long du fleuve encombré d'îles et d'îlots boisés, c'est la plaine basse et verdoyante des rizières, coupées de haies de bambous, de jardins, de ravissants vergers où des cocotiers tordus mêlent leurs palmes géantes au plumeau grêle des aréquiers aux troncs minces et droits. Des manguiers touffus comme des chênes, des palmiers à sucre au fût massif et renflé à la base que couronne le panache de feuilles en éventail, voisinent avec les tamariniers, les orangers, les pamplemoussiers, les bananiers, les papayers, les pommiers-cannelliers et tous les arbres à fruits qui se rencontrent en Cochinchine. Çà et là, c'est une pagode ou une maison commune dans leur cadre habituel de saos ou de muu (arbre à huile, aux grappes de fleurs blanches parfumées). Les hameaux, nombreux et prospères, s'échelonment le long de la route. On arrive ainsi à la berge escarpée du Donaï, au hameau de Binh-ninh en face de Tan-uyen, après un parcours de 12 kilomètres.

Le deuxième itinéraire emprunte la route coloniale 1, jusqu'au carrefour de Binh-long, après avoir franchi le Donaï par les deux ponts de Culao-Pho. On s'engage alors sur la route locale n° 1 (de Binh-long à Budop). Jusqu'à Tan-uyen on longe la rive droite du fleuve et cette partie du trajet est des plus jolies. On aperçoit d'abord sur la rive opposée, Bienhoa et ses maisons cachées dans la verdure, puis le mamelon de Lo-gach et ses carrières. La route, sur de nombreux petits ponceaux, franchit les mille rach qui se jettent dans le Donaï. On traverse ensuite, par une longue passerelle de 40 m. le rach Ong-tich peu après lequel la route bifurque sur Thudaumot à gauche et Tan-uyen à droite. Nous continuons par la route de droite au flanc de la colline boisée que couronne le pittoresque village de Dong-van. La route, pendant une dizaine de kilomètres, jusqu'à Tan-uyen, traverse une région accidentée où le gibier abonde. Aux environs de Tan-uyen, le sol redevient riche et cultivé. On remarque des rizières étendus et de nombreux champs de canne à sucre. Visitons au passage cet important village et son marché actif. De la rive voisine on peut admirer la vue fort belle sur le Donaï et l'île de Culao Binh-Chanh.

Au sortir de Tan-uyen, la route abandonne le Donaï et pénètre brusquement dans la forêt épaisse (réserve de Tan-nhuan). Non loin de là des marais très étendus (Dong-tram, Bau Hang et Bau Ca-tre) valent la peine d'un détour ; mais il est assez difficile de les atteindre en saison des pluies. L'altitude s'élève et la route gravit d'assez fortes pentes jusqu'au pont de Suoi Cang où la forêt abattue et défrichée laisse place à de belles plantations d'hévéas, de palmiers à huile et canne à sucre. On arrive ainsi au village de Phuoc-hoa et au Song-Bé.

La rivière dont les eaux assagies glissent lentement vers le Sud décrit dan cette région d'innombrables lacets; ses berges sont constituées par les lèvres du plateau de Thanh-hoa qui finit en pente raide sur le thalweg. Le Song-Bé est franchi sur une longue passerelle Eiffel d'où l'on domine un paysage magnifique. De chaque côté de la rivière encaissée dans ses rives abruptes, la forêt étend au loin ses frondaisons épaisses enrubannées de lianes, et mêlées de bambou et de lentisques dont les touffes pressées viennent baigner la surface de l'eau. Quelques rares pirogues et des trains de bois descendent au fil du courant.

Laissant le Song-Bé à l'Ouest, la route s'enfonce à nouveau à travers la forêt de Binh-cach, coupée de clairières et de vallonnements parfois assez rapides où l'eau s'amasse en marécages dissimulés sous une végétation aquatique luxuriante. Sur tout le parcours la vue est charmante. Ici ,un petit ruisseau d'eau claire et limpide ; là des coqs et des poules sauvages picorant dans la vallée ou bien c'est un Con-man (chevreuil) se dérobant sous bois ou un couple de paons sortant des fourrés et se glissant le long de leur lisière. Des quantités de tourterelles, de pigeons verts, de perruches prennent leurs ébats au soleil perchés très haut au sommet des arbres, et alternant les concerts de leurs ramages et de leurs cris que l'écho porte de clairière en clairière. Des essences de bois parfumés et diverses plantes répandent çà et là leur odeurs pénétrantes.

A partir du 60e kilomètre la route s'élève peu à peu. On arrive au bout d'un quart d'heure au sommet d'un petit plateau dont le rebord oriental, en pente rapide, domine une vallée verdoyante qu'environne au loin, en demi-cercle, une ligne sombre de coteaux boisés, complétant un paysage des plus gracieux.

C'est sur ce plateau qu'est installé le poste d'An-Binh. A l'intérieur d'un enclos carré, vaste et élevé, fait de bambous épais renforcés çà et là d'énormes poutres de bois, un groupe de maisons en bois ou en torchis, ainsi que des cases sur pilotis, où est installé le détachement de miliciens qui surveille la région : logements, magasins, école, prochainement une infirmerie ; le petit poste se suffit à lui-même.

Deux portes seulement donnent accès à l'intérieur du camp : l'une à l'Ouest s'ouvre sur la route de Bienhoa par laquelle nous sommes venus. A l'Est, celle d'où part un chemin rejoignant la route de la Nui Bara et de Budop, prolongement de la première. On peut, même en saison des pluies, s'engager impunément sur les premiers kilomètres de cette route, récemment empierrée. Dès la sortie du poste la large percée de la route s'enfonce comme un tunnel sous l'épaisse voûte de la forêt environnante. Celle-ci reste encore très belle pendant une quinzaine de kilomètres, avec ses futaies de « bang-lang » aux troncs blanchâtres, s'élevant tout droit, d'un seul jet, avec

Haut Song-Bé—Chute de L. Play au pied du Nui-Bara

leurs colonnettes latérales s'effilant depuis le pied de l'arbre et lui donnant une frappante ressemblance avec le pilier d'une cathédrale transportée sous la coupole ajourée du feuillage. Puis la forêt fait place à des taillis fondus dans d'immenses fourrés de bambous s'emmêlant aux lianes épineuses, aux herbes pesantes et aux cannes juteuses, hautes de plus de dix pieds et dont les feuilles coupent comme des lames. Nous entrons, en effet, dans la zone dit « la mer de bambous », déjà mentionnée, et qui s'étend parallèlement, sur l'autre rive du Song-bé, à l'Est de Honquan et Budop.

En saison sèche, une piste, à la rigueur automobilable, franchissant de nombreux suois par des ponts de bois sommaires mais régulièrement entretenus, piste dont le tracé sera sensiblement celui adopté pour la route locale n° 1 prolongée au delà de An-Binh, permet de pousser bien plus loin vers le Nord. Cette piste, très curieuse par les régions qu'elle traverse, au dire des rares Européens qui l'ont parcourue, atteint, au 36e km. depuis An-Binh, le Song-Rat, affluent important du Song-bé, au bord duquel un poste de miliciens va être créé, nouvelle étape de la pénétration en pays Stieng. La piste passe à proximité de l'ancien huyen annamite de Chon-Thanh, centre administratif depuis longtemps supprimé, et du camp de miliciens qui y fut

Le Donaï aux hautes eaux à Trian. (*A droite un pavillon de Bungalow*)

maintenu pendant quelque temps, puis abandonné devant l'impossibilité reconnue d'occuper effectivement ce pays de forêts marécageuses et de brousse inextricable, où les rares « soks » moïs, d'une farouche indépendance, faisaient le désert devant l'étranger.

Poursuivant toujours sa direction N-N-E, la piste atteint la pittoresque région de Nui Bara au 65e km. depuis An-Binh, point où le cours encaissé du Song-Bé, heurtant le pied de la montagne, décrit vers le Nord un grand crochet, un V gigantesque d'angle extrêmement aigu, et où les chutes puissantes se succèdent sans interruption dans un décor magnifique. Cette région, reconnue par Patté qui y séjourna plusieurs mois en 1904, sera très certainement un but recherché de tourisme, lorsque la route enfin terminée permettra de l'atteindre, soit depuis Thudaumot par Honquan et Budop, soit depuis Bienhoa par Phuoc-hoa et An-binh.

Autres excursions. — Nous les indiquerons brièvement et notamment celle de Saigon au Cap, en passant par le Sud de la province (canton de Thanh-tuy-ha et de Thanh-tuy-thuong). Cet itinéraire offre l'avantage d'abréger le trajet entre ces deux villes d'une quarantaine de kilomètres, mais comporte aussi l'inconvénient du passage de deux bacs, sur la Rivière de Saigon et sur le Donaï. Le second, le bac de Cac-lay, est nettement insuffisant pour un trafic développé. Il est extrêmement lent. Mais son amélioration et son adoption généralisée par les voyageurs et les transports de toute sorte entre Saigon, Baria et le Cap, entraîneraient aussi la reprise presque totale de la construction comme du tracé des routes rejoignant vers Long-thanh la route coloniale n° 15, celle venant de Bienhoa qui est presque exclusivement utilisée à l'heure actuelle.

Ces routes traversent des régions assez pittoresques et d'abord la route provinciale n° 17 aux lacets difficiles et au parcours accidenté. Traversant le marché de Phuoc-ly, elle longe ensuite un bras du Donaï dans un joli site, puis pénètre dans une région boisée, en partie défrichée par l'importante Société des plantations d'hévéas de Thanh-tuy-ha, au village de Tan-tuong. Passant près de My-hoi avec son église sur un plateau boisé, la route traverse les jardins et rizières du Rach-Dong pour aboutir aux marchés importants de Phuoc-thien et Dong-mon, au 25e kilomètre.

La route provinciale 19 qui se sépare de la route provinciale 17 à Phuoc-ly et décrit plus au Sud une vaste courbe de 35 km., rejoint celle-ci à nouveau au marché de Phuoc-thien. Elle traverse une région de plaines dénudées et incultes, mais où les plantations se créent ou se développent chaque année (hévéa, cocotier, canne à sucre). Traversant les villages de Phuoc-thanh, Phuoc-an, Phuoc-tho et Phuoc-lai elle est agréable à suivre dans la soirée, après la chaleur de la journée lorsque la brise marine venant des bouches voisines du Donaï souffle librement à travers ces plaines mélancoliques que transfigurent les teintes délicates et les ombres du crépuscule.

Du sommet des collines de Chau-Thoi et notamment de la plus élevée (montagne Blanchy) ainsi que de la colline de Logach, toutes proches de Bienhoa, on découvre un panorama étendu sur les plaines du Donaï et de la rivière de Saigon, panorama limité au Nord par la silhouette de la Nui Baden, au Sud par le groupe des hauteurs de Baria et du Cap. A droite et à gauche du fleuve, c'est le déroulement des rizières, coupées de jardins et de hameaux, puis, au delà, la ceinture sombre des bois.

Un sentier agreste, serpentant à travers les broussailles épaisses et les taillis qui revêtent entièrement la montagne Blanchy, mène en un quart d'heure à son sommet qu'occupe une petite pagode rustique et fleurie.

Bienhoa. — Vieille pagode de Binh-truoc

L'ascension de la colline de Logach est aussi des plus aisées. Un escalier fait de vastes blocs du même granit bleuâtre que l'on extrait de ses flancs, mène tout droit, sous une voûte de verdure, à la minuscule bonzerie de Buu-Phong installée également au faîte de la colline. La pagode renferme quelques beaux spécimens de sculpture indigène taillés dans ce granit au grain renommé pour sa finesse et sa résistance. Les colonnes et l'autel de la pagode s'ornent des motifs habituels du Dragon et du

Serpent ailé, remarquables ici par leur finesse et leur harmonieuse disposition. Tout près de l'édifice, ce sont les blocs granitiques déjà signalés, surnommés Long-dau-thach (tête de Dragon) et Ho-Dau (tête de tigre), recouverts d'inscriptions et objets de la vénération populaire.

Services automobiles. — La ville de Bienhoa est reliée à Saigon et aux provinces voisines par des services réguliers d'automobiles, dont quelques-unes, du modèle car alpin, sont assez confortables. Entre Saigon et Bienhoa, les départs sont très fréquents dans la journée et complètent bien l'horaire des trains. Les services d'automobiles de Saigon à Baria et le Cap passent par Bienhoa et desservent toutes les agglomérations de la route coloniale n° 1. Un service postal annexe dessert Bienhoa, Long-thanh et Phuoc-thien ; un autre, existant entre Bienhoa et Thudaumot, a été suspendu depuis quelque temps.

TABLE DES MATIÈRES

SAIGON
IMP. DU CENTRE

www.ingramcontent.com/pod-product-compliance
Ingram Content Group UK Ltd.
Pitfield, Milton Keynes, MK11 3LW, UK
UKHW020606180726
13838UKWH00001B/455

9 782329 081656